大是文化

人，從情緒開始老化

比起運動和飲食，額葉年輕更能抗老。

人は「感情」から老化する

精神科醫師、
暢銷書《成熟大人的吵架技術》作家
和田秀樹——著
李友君——譯

青春，意味著擊退怯懦的勇氣，
拋開安逸的冒險精神。
有時比起二十歲的青年，六十歲的人更顯青春。
人不會只因年歲增長而衰老。
當失去理想時，才開始衰老。

——美國詩人塞繆爾・烏爾曼（Samuel Ullman），〈青春〉（*Youth*）。

目錄

第1章

有人提不起勁，有人樂在其中……75

第2章 情緒開始老化的徵兆……125

第3章 情緒消沉時這樣轉念……177

第4章 保持記憶力不衰

第5章 現代人最需要的「額葉年輕計畫」

推薦序一

上了年紀，就該活出叛逆的第三人生

「優雅老化運動」倡議人、醫學博士／林經甫

關於預防老化，如果要找幾本必讀的書，《人，從情緒開始老化》無疑是選書之一。

隨著百歲時代到來，預防老化將是每個人都會面對的挑戰。也因此，我從預防醫學的角度，推動以三力（腦力、體力、社會力）和五感為架構的生活運動。

臺灣即將邁入超高齡化社會（按：根據世界衛生組織定義，六十五歲以上

老年人口占總人口比例達二〇%以上，便稱為超高齡化社會），因此理解老年人切身問題的知識和常識，變得比以前重要許多；而深入解析衰老狀態的學術研究報告及專門書籍，當然值得所有人參考、運用。

專攻「老年精神醫學」領域的精神科醫師、日本暢銷書作者和田秀樹的這本新書，就是一場及時雨。因為他提出，情緒老化是所有衰老的根源，而掌管情緒功能的關鍵，就在於大腦的額葉。

書中不僅說明情緒老化的機制與原因，更進一步提供鍛鍊的習慣和方法，讓讀者可以在日常生活中實踐，建構出一條保持情緒年輕的清晰路徑。這是一本適合隨手翻閱的好書，作者在扎實的醫學背景下，以輕快、直白的筆調，深入淺出的帶出預防老化的觀念與解方。

我與和田秀樹都是醫生，他是精神科醫師，我是婦產科醫生兼公共衛生研究。在面對老化、第三人生這件事，我們分別從精神醫學與預防醫學角度提出相近的看法，讀來特別相應。尤其，看到文中一再提醒年長者要跳脫傳統社會的框架，不覺會心一笑。

作者強調：上了年紀要任性一點，晚年最好是做喜歡的事情，開心玩樂；多去吃美食、穿時髦的服裝，當個惹人嫌、老是閒晃的不良老人；順從好奇心的驅使，積極行動；常替生活增添變化和點綴、把錢花在開心的事情上、建立工作圈以外的新交友關係、體會有所貢獻的自己等。

很湊巧的，這些也都是我近年來在演講場合、粉絲專頁及書中一再主張的生命態度。

第三人生就是要叛逆，突破社會常規，走出自己的世界，持續刷存在感。老後就應該自在自得，在生活中盡情享受五感，為自己創造不同的體驗。同時，也別忘了和好奇心當朋友，因為它是生活的最大動力。假如上了年紀後依然活力充沛，就能防止情緒老化，減緩所有的衰老。

很榮幸在新書出版前，有機會拜讀和田醫師的新作，透過書中內容，我們知道在預防老化這件事上，是有選擇的。

雖然「年紀都已經一大把」，我們依然可以保有生命的熱情與動力，任性、叛逆、好奇的做喜歡、想做的事，好好的為自己活一次。

推薦序二

人是情緒的動物，最擅長用理智來包裝

臨床心理師／劉南琦

人最愚蠢的地方在於不能面對自己的情緒。我在臨床中，常常遇到有些人只想討論症狀、不想談感受與想法，例如：「心理師，妳不要問我那麼多，告訴我解決失眠的方法就好了啊。」、「妳『只要』給我建議，告訴我如何減少強迫行為就好了。」

所以，我都不用了解你，就可以生出絕妙的好方法嗎？

心理治療必須和個案討論症狀背後的原因，否則根本幫不上忙。但問題常常出在就連個案自己，都不了解自己的情緒。

作者和田秀樹在書中所提的「年輕的情緒」其實很廣義，除了感動與熱情、悲傷等明顯情緒之外，也包括保持思考彈性、開放，有活力，願意挑戰與冒險。

所以，年輕當然不單是指外貌。外貌靠醫美，體態靠運動，腦功能則靠益智類活動，但如果情緒和心態不年輕，以上統統白搭。有的人整天只會批評「現在的年輕人啊……」，既不想靠近年輕一輩，又不想理解新事物，只活在過去輝煌（或懊惱）的回憶中。他們早早就想從工作、生活中退休，以為能任性的什麼都不必做，就算看起來好像很年輕（可參考內文〈家裡蹲，最快老〉），其實也撐不了太久。不需要多少時間，就會變成活在自己的世界、討人厭的老頑固，然後還不知道問題出在哪裡。

當然，想要活出健康的老年生活，首先要有健康的中年生活。

不少人年輕時很辛苦，沒有身心健康的條件，但隨著年紀增長，漸漸可以掌握生活的主控權後，就無法把自己的不快樂繼續怪罪在原生家庭。除了得找到方法療癒過去的自己之外，更需要了解自身需求，活出精采的人生下半場。

不少個案曾對我說：「我只要活到四十歲（或六十歲）就好，不想活太久……。」這些話我已經聽到耳朵快長繭了。

首先，想活到幾歲，不是你能決定的，好嗎？給我清醒點！請想辦法好好的活著。

還有，另一種對老年生活的誤解，就是毫無概念的退休。前半輩子努力工作，然後便以為從工作中退下後，就能理所當然的什麼都不想做，還稱之為休息。

書中提到：「欲望在本質上是生存的原動力，雖說上了年紀，也不該刻意壓抑……否則就會變得事事提不起幹勁，做什麼都嫌無聊。」

你看過家裡蹲、什麼都不想做的無聊老人嗎？他們以為老年生活本該如此，認為冒險就是危險，追求欲望就是貪，結果活得槁木死灰，像個活死人。

對老年生活太缺乏想像、太恐懼、過於妖魔化的人，更需要看看和田秀樹對老年生活的描繪，做足準備後，你就無所懼了。

最後補充一下，推薦這本書的另一個理由是，我按照書中所附的「測測你的『情緒年齡』」玩看看，結果五十五歲的我，情緒年齡只有二十三歲！喔耶（旋轉、跳躍）！

測測你的「情緒年齡」

※在符合的地方畫「○」	是	兩者皆非	否
最近沒有主動邀朋友出來玩。			
性慾和好奇心大幅減退。			
失敗後，比以前還難以釋懷。			
很難接受與自己不同的意見。			
當晚輩對自己説話不禮貌，立刻勃然大怒。			
經常覺得「這把年紀才開始，已經晚了」。			
都這把年紀了，與其花錢享樂，不如為晚年準備，想要存錢。			
只要在意某件事，就會持續介意一段時間。			
不記得最近為了什麼事感動落淚。			
常常火冒三丈，大聲斥責部屬或者是家人。			
認為創業是年輕人的事。			
這半年來，一部電影都沒看。			
夫妻一吵架，就沒辦法輕易消氣。			

（續下頁表）

※在符合的地方畫「○」	是	兩者皆非	否
對新書、藝文教室、證照考試班及旅遊之類的廣告沒興趣。			
一聽到朋友吹噓，會比以前還要不耐煩。			
近一個月內，一本書都沒看。			
常常覺得不了解最近的年輕人。			
擔心今天已經發生的事情，常常心神不寧，夜不成眠。			
最近變得很愛哭。			
與以前相比，越來越想不出什麼嶄新的創意。			
覺得美食雜誌和流行雜誌之類的，和自己毫無關係。			
想出一個中意的方案後，就想不到其他的想法。			
比以前還常心浮氣躁。			
這幾年來不曾自行制定旅遊計畫，只是配合別人的安排。			
與以前相比，很多事情都懶得做。			
○的數量			

※「○的數量」分別乘以3、2、1。

X3	X2	X1
‖	‖	‖
①	②	③

測測你的「情緒年齡」

※在符合的地方畫「○」	是	兩者皆非	否
明知是「拍馬屁」，心情還是很好。			
經常斷言別人的性格如何如何。			
懶得詢問別人。			
即使在工作上覺得這樣比較好，也會嫌麻煩而不提案。			
討厭（喜歡）過一次的人，就無法認同（承認）對方的優點（缺點）。			
○的數量			
※「○的數量」分別乘以 2、1、0。	X2 = ④☐	X1 = ⑤☐	X0 = 0

①☐＋②☐＋③☐＋④☐＋⑤☐

＝☐歲＝你的情緒年齡

情緒年齡高於實際年齡的人，要當心！

和田醫師的樂齡提醒

1 自問要是現在退休，有沒有什麼事能天天熱中投入。

2 盡量不要看電視。

3 每年計畫並執行一次與興趣有關的大型活動。

4 實際走訪喜歡的小說場景。

5 多思考「這個好像會成功」的創業點子，關鍵在於重量不重質。

6 口頭禪是「那是當然」的人，要當心。

7 最好的讚美之詞，是別人對你說：「都這把年紀了，還亂來。」

8 只要不是犯罪，要是能開心，就該主動嘗試。

9 趁早找到會定期聚會的同好團體。

10 如果心情低落、提不起勁的狀態持續兩週，一定要就醫。

11 即使是男性，也要主動擔任家長會或地方團體的幹部。

12 出差時，養成中途繞到別處的習慣。

13 常替生活增添變化和點綴，像是改變通勤路線等。

14 種植一年生植物的家庭菜園，最適合預防情緒老化。

15 夫妻不必勉強找出共同的興趣。

16 生氣時，思考「怎樣才能解決氣憤的原因」。

17 心浮氣躁時就吃肉。

18 培養習慣，在行動之間插入轉念儀式，重振精神。

19 不斷抱怨。無論抱怨也好，示弱也好，要找個能無話不談的人。

20 情緒不佳時，絕對不要反省。

21 情緒低落時，就做些擅長的，或是能輕鬆完成的事。

22 透過社群網路服務寫日記能獲得客觀意見，也有益處。

23 心浮氣躁，就「小睡」一下。

24 辦公室工作者更要活動身體。

25 陷入低落情緒前，尋找適合自己的精神科醫生或心理諮商師。

26 讀書也好，看電視也好，要養成挑毛病的習慣，不要照單全收。

27 聽人說話時，要抱持聽完後詢問細節的態度。

28 學習新事物時，可盡量取得小開本書或其他通俗的入門書籍。

29 地位越高，低頭的價值就越高，不妨利用這一點多請教別人。

30 「現學現賣」，轉述從書本和電視上學到的新知。

31 賭博和比賽，要選擇能靠自己的能力和努力取勝的，像是打麻將和下棋。

32 從工作和義工活動中，找到隨時能幫助他人的事。

33 假如覺得不安，要記得將阻力化為助力，再付諸行動。

34 將獎金統統用在「自己開心的事情」上。

35 要一直說「財產不會留給孩子」。

36 請製作一張清單，列出想花二十二萬元買的東西和想做的事情，一年執行一次。

37 過了四十歲，要學習股票等理財知識，就算小額投資也好。

38 聽到別人拍馬屁會覺得開心，其實是老化的徵兆。

前言
情緒也有年齡，你幾歲？

近來社會上掀起抗老熱潮，想變得更年輕，現在正是時候。

健康食品熱潮和新陳代謝症候群等詞彙之所以這麼流行，也是基於人們想讓內臟回春、防止老化的想法。而在腦科學熱潮下，鍛鍊大腦的遊戲和任天堂遊戲機等產品能暢銷，則是利用人們期盼讓頭腦回春，預防腦部老化的心理。（按：任天堂也在最新的主機Switch上推出遊戲《腦科學專家川島隆太博士監修，大人的Nintendo Switch腦部鍛鍊》。）

「腦年齡」這個詞突然大紅特紅，但實際購買這類動腦遊戲的消費者，則是中高齡層的人多於老人。外貌回春更為盛行，專為中高齡推出的化妝品和全身美容，在日常生活中隨處可見，針對男性的全身美容市場也急速成長，顧客也以中高齡男性居多。

不只是洋溢青春活力的偶像，就連被譽為「永遠年輕」的藝人黑木瞳，也作為流行引領者而備受矚目。而以貴婦為主要讀者群的雜誌《STORY》，以及開創「中年壞大叔」一詞的雜誌《LEON》，也鋒頭正盛。

健康、腦功能、外貌是三大關注事項，不過要三者兼顧，更關鍵的其實是防止「情緒老化」。

我是精神科醫生，專業領域是高齡人士和老年醫學，現在也從事臨床工作。長期觀察高齡人士的腦功能後，我得到的結論是，人類本質上的老化始於「情緒」：人類的腦部，是從掌管情緒功能、自發性及幹勁的「額葉」開始老化的。

說得更明白一點，一旦情緒老化，幹勁、自發性和好奇心便會逐漸低落，自然就不會想活動筋骨、動腦筋，其他功能也會開始衰退。

以年長者來說，在智力測驗測到的智商，步行能力等身體的實用機能，其實衰退得沒那麼嚴重，但如果不活動的話，就會迅速衰退。例如，流感沒痊癒、躺了一個月後，就不能輕鬆步行；或是因為上了年紀，而罹患輕微的失智症（痴呆）。

關於「情緒」，其實也有相同的狀況。假如未察覺到情緒老化而置之不理，等到發現時，說不定已經變成繭居老人了。

而且，雖然情緒老化的狀況每個人不同，但通常是從四十幾歲開始。要是放著不管，就會導致體力和智力逐漸衰退。前面提到的健康、腦功能及外貌就會越來越衰老、惡化。反之，要是情緒能常保年輕，這三者就可以永保青春。

因此，為了讓各位了解自己的情緒年齡，我根據額葉各項功能老化時，會以什麼形式出現，制訂了情緒老化程度測驗（按：請參考第二十一頁至第二十三頁）。

情緒年齡高於實際年齡的人，就表示老化得快，需要當心。順帶一提，我三十九歲時，情緒年齡比實際年齡還來得年輕，不過我還是立志要讓我的情緒更青春。

假如本書讀者能了解情緒老化到底是什麼，養成預防老化的習慣，哪怕只實行其中一項，身為作者的我將感到無上的榮幸。

序章

人會從額葉開始老化

1 看完幾千張腦照片後，我發現……

身為醫師，我專攻「老年精神醫學」領域，曾在東京都杉並區的浴風會醫院工作，十多年下來也在診療上累積寶貴的經驗。過去日本只有三家綜合醫院專為老人服務，這是其中一家。現在我則以臨床醫生的身分，與老人家每星期面對面一次。簡單來說，就是專門為年長者服務的精神科醫生。

我身為臨床醫生，每天會接觸許多老人，也看過大量電腦斷層掃描（CT）和磁振造影（MRI）所拍攝的高齡者腦部照片。像是嚴重健忘，擔心是否得了阿茲海默症、出現徘徊症狀的老人，或是失去熱情的高齡者，為了從照片找出是否病變，就會拍攝腦的內部。

疑似罹患憂鬱症的人也一樣，假如是高齡者，有時也要確認腦血管是否堵塞。**我每年會看一百張到兩百張左右的腦部照片，總共大概看了兩千張以上。**

如各位所知，電腦斷層掃描和磁振造影，可以拍攝人體橫切面的照片（雖然磁振造影的聲音有點吵）。掌管記憶的「海馬迴」藏在頭骨中，難以利用過去的電腦斷層掃描觀察，但如果使用磁振造影的話，萎縮的情況就能看得一清二楚。

透過這類照片觀察，就會了解其實高齡人士的腦多少都有點萎縮。人們上了年紀後，腦就會自然萎縮，可說是生理上的宿命。

在觀察許多個案的過程中，我逐漸懂得從萎縮的程度，來想像對方大致的年齡；也能在觀看照片時，推測出「當事人的萎縮程度低於實際年齡」。另外，從醫學資料也可以了解，腦的各個部位不會同時萎縮。有時就算是同一個人的腦，也可能枕葉萎縮得比較厲害，但顳葉則非如此。

關於老化的腦部變化，令人意外的一點是，有的人雖然很健忘、記憶力衰退，但最先萎縮的部位卻不是掌管記憶的海馬迴。比海馬迴先萎縮的，反而是位在腦前方的額葉。

2 老化腦與失智腦，哪裡不一樣？

下頁圖①是神經病理學家謝佛（V. F. Shefer），對照平均年齡七十七歲、正常老化者的腦、失智症（痴呆）高齡者的大腦，以及二十幾歲（正確來說是十九歲到二十八歲）年輕人的腦，比較神經細胞減少的比例。一旦神經細胞減少，腦就形同萎縮。

順帶一提，腦各部位的功能，大致可區分如下：

◎額葉　・額極……自發性、幹勁、轉換情緒。

圖①：即使是正常的老化，額極也會縮小得和失智症患者差不多！

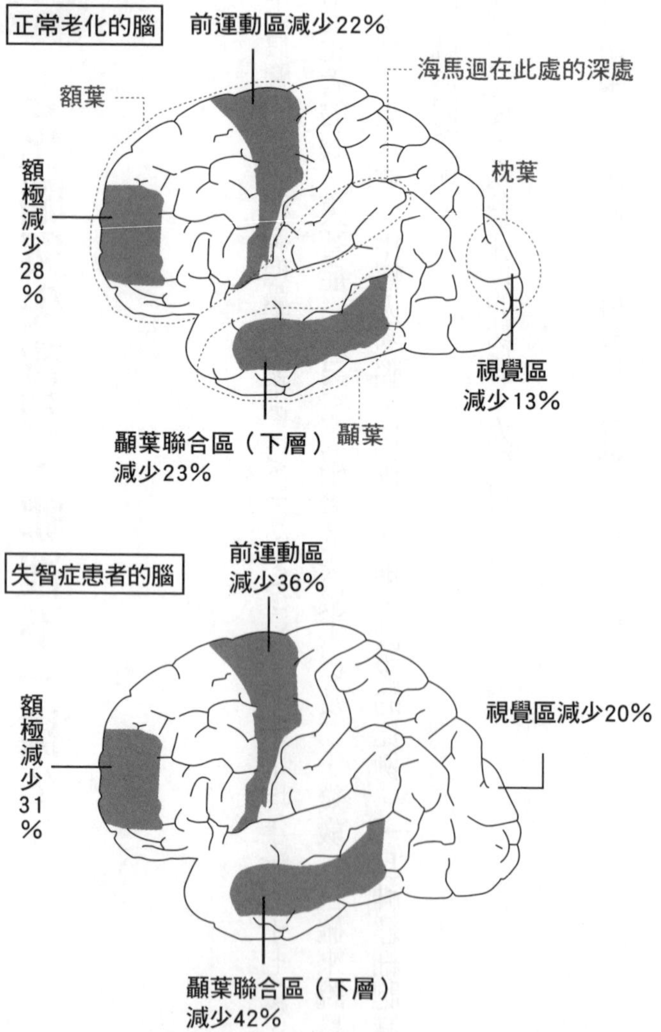

（〈老年導致神經細胞減少的比例〉〔*Neuropsychic Disturbances in Old Age*〕，謝佛，1972年。）

・前運動區……創意、控制情緒、幹勁。

◎顳葉　・顳葉聯合區……上半部負責藉由聽覺理解詞彙（掌管言辭理解的顳葉，在左腦或是右腦因人而異，通常以左腦居多。優勢的一邊稱為「優勢半球」），下半部則負責識別型態（像是看到別人的面孔時，區分是誰的臉）。

◎枕葉　・視覺區……理解視覺資訊。

◎海馬迴　……儲存記憶。

從圖①中也可以看出，即使是正常老化，腦各部位的神經細胞也會逐漸減少。

額葉之中，「前運動區」在正常老化時會減少二三％，失智症的話會減少三六％，正常老化和失智症之間落差甚大，但「額極」卻幾乎沒有差異，正常老化時減少二八%，失智症的話會減少三一%。

相比之下，枕葉在正常老化之下會減少一三%，程度不大（失智症時減少二〇%）。枕葉有塊區域與視覺相關，若此處有部分受損，那麼即使眼睛看得見，也無法辨識空間，了解文字的意思。但與額葉相比後可知，神經細胞的減少比例少很多。換句話說，即使上了年紀，理解視覺資訊的功能也不會下降。

比較起來，掌管理解言辭和識別型態的顳葉，正常老化之下會減少二三%（失智症會減少四二%）。也就是說，理解言辭和辨識型態的功能，比視覺資訊還要早衰退。

雖然這張圖沒有畫出來，但有資料指出，掌管記憶的海馬迴在正常老化之下會減少約二〇%，而且萎縮的時間會晚於額葉。

從以上可知，正常老化之下的額葉，尤其是額極的減少程度會很大。換句話說，當年歲漸長，會先出現自發性的幹勁衰退，和無法轉換情緒的狀況，之後才會出現「記憶變差」或「重複做同一件事」的問題。

人類的腦會隨著老化，從掌管情緒的額葉開始萎縮——這也是我身為臨床醫生，接觸眾多的高齡者，透過幾千張電腦斷層掃描和磁振造影的照片，觀察年長者的腦之後實際的感受。

3 容易感動的人顯年輕

額葉位在大腦的前端部分，掌管思考、幹勁、情緒、性格及理性等，這些功能會隨著老化而低落。

當然，就算情緒老化，悲傷時也會哭泣，吵架後也會生氣。罹患失智症的人也會哭、會笑。這種原始的情緒由腦的「邊緣系統」掌管，額葉則負責更微妙的情緒，或是以情緒為基礎的高度判斷，就像是司令塔一樣。觀賞電影和電視劇，閱讀小說後會感動、內心被觸動，就是額葉的功能。

幹勁和自動自發的情感也與行動決策直接相關。到了高齡後才創業或構思出大發明的人寥寥無幾，這似乎也和額葉的功能比年輕時低落有關。

畫家、書法家及其他藝術的領域中，「大器晚成」之類的話也容易成立，這是專心致力於這條路上所達到的成果。一般來說，六十幾歲、七十幾歲後，就很少會主動積極的嘗試新事物了。

另一方面，屆齡退休後，有越來越多夫妻往返海外和國內兩地。寒冷的季節在南方國度生活，春秋兩季氣候較佳，就在本國居住。假如經濟寬裕，就有可能達成，這也或許是較理想的做法。

相反的，退休金和存款不夠，對經濟抱持不安的人當中，聽說也有不少人考慮，在退休後到生活費低廉的東南亞過日子。

無論如何，要達到這種生活方式，就少不了不厭其煩跳進新環境的熱情和彈性。湧現衝勁、展開新生活，也能在當地享受新人生，絕對是額葉功能充分發揮的結果。

「年輕老人」一詞聽起來似乎矛盾，但即使年齡漸長，要讓額葉持續保持年輕，也絕非不可能。

4 人變頑固是有理由的

有時候我們揶揄老人時，會說他們是「老頑固」，就是指拘泥於單一想法，不能彈性的接受新事物。他們無法轉換心情，一旦生起氣來就很難平息怒火。頑固就是指這樣的特徵和行為。

我認為，這也和額葉功能低落有關。

要是額葉真的受損，就會出現「固持」（perseveration）現象，一直重複做同一件事。舉個具體的例子，在診察室中，當問對方「你生日是幾號」時，他們可以正確回答「一九二三年五月三十日」；接著問「你在哪裡出生」，他們卻還是回覆「一九二三年五月三十日」。即使問題改變了，卻還是說出同樣的答案。

既然可以正確回答第一個問題，就不是理解能力變糟。假如詢問他們「昨天吃了什麼」，也能正確回答「拉麵」，由此可知問題不在於記憶力。但若繼續問「今天預計要做什麼」，他們還是回答「拉麵」。

說了某個想法或答案後，沒辦法切換到另一個問題，所以改變不了答案，這就是「固持」。即使沒有這麼極端，但如果生氣時無法輕易息怒，悲傷或憂鬱時無法跳脫出來，就代表情緒上也發生固持。換句話說，就是轉換情緒的能力變差了。

不只是老人，許多中高齡者要是心情不好，也會一直板著臉。其實這就表示，有不少人在情緒上出現固持現象，或是無法轉換想法。

看來人類一旦開始老化，會最先發生「額葉功能低落」的狀況。

5 老提當年勇？這就是老化

醫學上為了診斷腦部是否出現功能低落的情況，用以檢測額葉功能的檢查之一，就是威斯康辛卡片分類測驗（WCST）。如下頁圖②所示，將繪有四個顏色、圖形及四種數量的卡片，依照其中一種標準排列，再以受試者能否看出規則，來檢查額葉的功能。

例如，排列成一、二、三、四、一、二、三之後，就知道接下來是四。即使將數量隨意排成一、四、三、二、四、二、一，但若顏色的排列是紅、藍、黃、綠、紅、藍、黃，就知道接下來是綠。就算一開始搞不懂，但在重複多次

圖②：威斯康辛卡片分類測驗（WCST）

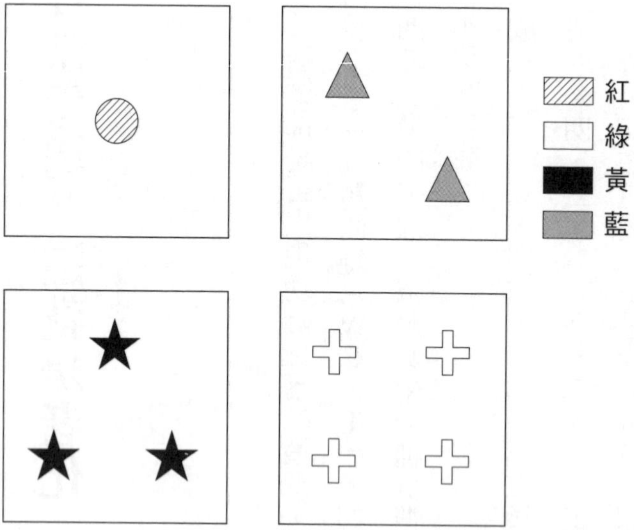

後，自然就會發現排列的規則是什麼。接著改變規則，以圖形為準，重複排列成三角形、星形、十字形和圓形，測驗受試者是否察覺到規律。

如果額葉功能低落，就看不出規律，規則一變更就跟不上。受試者假如一開始明白這是數字的順序，改成顏色排列的模式後卻舉雙手認輸，即使重複多次，仍看不出其中的規律。

威斯康辛卡片分類測驗的等級，遠比剛才問診的層級還要高，所以有人批評「題目太難，無法用來檢測失智症」。但正是因為這樣，才能作為了解「開始老化＝額葉功能低落」的線索。即使是稍微年輕的人，也可以檢查出額葉功能是否欠佳。另外還有人指出，如果以這種方式，測驗思覺失調症（舊稱精神分裂症）患者的額葉功能，得到的成績也很差。

順帶一提，有不少中高齡者會一直談論當年勇而遭人厭惡。你身邊大概也有這樣的主管或老同學吧？

就算時代改變，卻仍深信自己的經驗是唯一標準而大肆說教，這種類型的人恐怕不擅長威斯康辛卡片分類測驗。因為他們的額葉功能低落，所以無法從僵化的思考方式轉換成新的思維，因而產生固持的現象。

6 朗讀和計算，能快速活腦

四十幾歲之後，常會在聊天時，突然想不起某個人名或專有名詞。「咦，那個女演員叫什麼名字？我記得她演過一部電影，劇情是不起眼的書店老闆和好萊塢女演員陷入情網……。」

「啊，我知道。就是在電影《麻雀變鳳凰》（*Pretty Woman*）中，跟李察・吉爾（Richard Gere）合演的女演員，對吧？」

「對！對！她叫什麼名字？」

「唉，都提示到這個地步了，還想不起來……。」

就在前幾天，我跟別人聊到朋友的太太是位美女，長得很像那名女演員，可是想不起人名，陷入迷惑之中。相信人人都有這樣的經驗吧。

年紀越大，這樣的交談越是家常便飯，家電儀器多功能遙控器的使用方法，也漸漸的沒辦法一下子記住。或許是因為每個人都曾有這樣的經驗，所以談到腦老化，就會馬上聯想到記憶力衰退。

掛著「鍛鍊大腦」、「大腦活性化」等詞句的書，大量陳列在書店的店頭。曾狂銷熱賣的任天堂ＤＳ遊戲《川島隆太教授的ＤＳ腦力強化訓練》，松嶋菜菜子自言自語說著「咦、五十二歲」的廣告也蔚為話題。換句話說，很多人都擔心嚴重健忘就是「老化的開始」。

我們很容易感受到記憶力衰退，但其實在此之前，額葉功能會先下降，這涉及到更本質性的老化。換句話說，記憶力減退之前，自動自發和幹勁會先衰退，開始無法轉換、控制情緒。

腦力鍛鍊熱潮的關鍵人物之一，就是東北大學未來科學技術共同研究中心（現為該大學老年醫學研究所所長）的川島隆太教授。他建議解單純的計算問題和朗讀，其實是合乎道理的。

他提倡的學習療法，是每天反覆練習「朗讀、手寫及計算」。這些訓練與其說是鍛鍊記憶力，不如說是為了刺激額葉。換句話說，就算不特別鍛鍊記憶力，但只要活化額葉，也會改善健忘的問題。

順帶一提，本節開頭對話中出現的女演員是茱莉亞・羅勃茲（Julia Roberts）。和不起眼書店老闆的戀愛故事是《新娘百分百》（*Notting Hill*）。相信也有讀者因為想不起來而心浮氣躁，為了保險起見，特此補上一筆。

7 經常說「好麻煩」？要注意

額葉老化，快的話從四、五十多歲就會開始，這是天經地義的事。但若置之不理，到了五十、六十幾歲時，就會演變成青春煥發和老態龍鍾的劇烈差距。

一旦額葉老化、功能低落，主動積極的態度和衝勁就會慢慢衰滅，這樣的人不修邊幅，既然對回春美容和抗老都提不起興致，外表自然就變得蒼老至極。但是過去還沒有回春美容或抗老這回事，所以無論額葉是否老化，容貌都沒有太大的差別。

然而，現代有各種方法能保持年輕。抗老技術發達，流行時尚也十分多樣化和個性化，無論到了幾歲都可以享受時髦。包含美容整形在內，要去除皺紋也容易得多，外表上可以保持青春。

所以有些人就算到了五十幾歲，看起來也像以前三十幾歲時的樣子；有些人則顯得衰老，看起來將近七十歲，差距甚大。

女性要是開始不化妝，就會一口氣變得蒼老。除了外在的容貌不再，心態也會逐漸老去。男性也一樣，打扮充滿大叔味卻還無動於衷的人，與想要有點時髦、外表整理得清爽整潔的人相比，會有很大的差異。

換句話說，出發點的熱情差距，會讓結果天差地遠。

另外還有個問題，要是不再主動積極、失去幹勁，日常生活中用腦的機會將越來越少。既然事事嫌麻煩，自然就不會想要活絡筋骨。不出外走動，腦接受到的刺激也就越少，身心都會逐漸老化。

情緒一旦老化，就會經常喊著「好麻煩」、「這種事不做也沒差」。他們也很容易發現自己的極限，常常說「就算沒有更聰明也沒關係」、「反正都上了年紀了，就這樣吧」，進而放棄行動，欲望也會越來越少。

作家赤瀨川原平則是以正面的角度，理解老年導致的衰退，並將其命名為「老人力」。不過欲望消失的確也算是「老人力」，有時候老成才值得信賴，但另一方面，也不能否認欲望消退，就會逐漸凋零。

假如動不動就覺得麻煩、嘴上常常喊著「這種事不做也罷」，有一天真的就會變成蒼老的老頭。持續保持欲念，也是與情緒老化奮戰的關鍵。

8 步行能力正常的老人正在增加

我從以前就一直主張「上了年紀要任性一點」、除非是反社會行為，否則晚年最好是做喜歡的事情，開心玩樂。最好多去吃美食，穿時髦的服裝，跟男朋友或女朋友閒晃，被人嫌「明明是老頭還裝年輕」。因為這些震撼心靈的刺激、歡樂體驗，可以防止老化。

只要防止情緒老化，就能大幅度延緩身體老化。從醫學上來看，情緒功能會比體力和智力功能先衰退。換句話說，因為情緒老化，整個人就顯得衰老，但身體機能和年輕人相比卻毫不遜色，這就是現代高齡者的模樣。

事實上，高齡者的腰、腿比我們想像得還要健壯，而且還不斷回春。

下頁圖③，是日本東京都調查六十五歲以上的人，也就是所謂的年長者，能以普通的速度大步行走（步行能力正常者），而不必拿拐杖的比例。

仔細一看會發現，在二〇〇〇年，六十五歲至六十九歲當中，能夠完全正常步行的人占約九五％；七十五歲至七十九歲的人，也有將近九〇％的人能正常行走，不輸年輕人。

在一九八〇年當時，六十五歲至六十九歲的人正常步行的比例為九〇％以下。這個數字與二〇〇〇年、七十五歲至七十九歲的情況幾乎一致，只以步行能力來看，這二十年來年輕了大約十歲。

另外，其實就算上了年紀，智力功能也不會衰退得那麼嚴重。

下頁圖④，是為東京都小金井市正常老化的高齡者，做智力測驗的結果。七十三歲時，語文智商（verbal IQ）和操作智商（Performance IQ）都超過

圖③：65歲以上步行能力正常的人正在增加

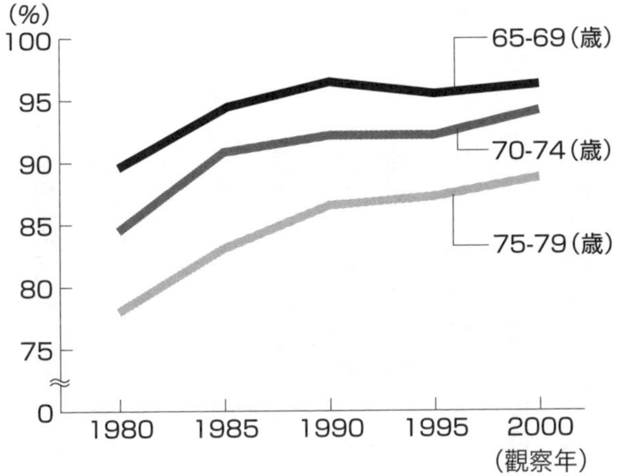

（節錄自東京都〈老人的生活實態〉1980、1985、1990、1995、2000年。）

圖④：即使成了高齡人士，語文智商依舊維持

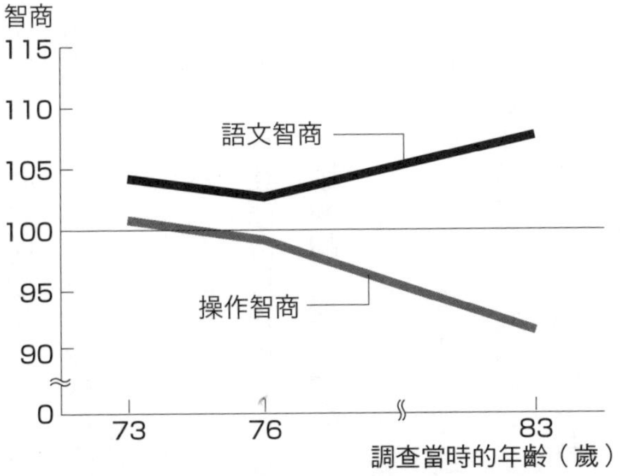

（節錄自財團法人東京都老人綜合研究所專題研究〈關於老化與壽命的長期橫向追蹤研究報告〉。）

一百。

語文智商是測驗詞彙、單字能力、理解能力、普通的計算題或相似性的分數，要以文字和語彙作答。從圖表中可以得知，即使上了年紀，成績竟然也沒有下滑。

月刊雜誌《文藝春秋》讀者的平均年齡，有一說是在六十五歲左右，八〇年代的讀者也為數眾多。像這種滿滿鉛字且分量厚實的政經綜合月刊雜誌，談論的是日本國內外的政治經濟和社會問題，會對這類資訊感興趣並能閱讀的智力功能，可以殘留到非常高齡。

另外，操作智商則是檢測能否畫完圖片，或是玩拼圖、積木及其他益智遊戲的分數。雖然上了年紀後，這種能力便會衰退，不過小金井市的資料顯示，七十三歲時的分數超過國際平均值的一百。國際平均值包括年輕人到高齡者整體的基準值，超過的話，就代表當地老人的成績比平均值還要好。

小金井市是東京的睡城（按：睡城〔bed town〕指興建於市中心外圍的城市，通勤者白天到市中心上班，晚上就回這個區域睡覺），原本白領階級就很多，他們即使成了年長者，智商下降的人也出乎意料的少。

如各種資料所示，雖然上了年紀，但步行能力和智力的下滑程度，並不比一般人認為得嚴重。

9 五十歲開始鍛鍊，比「破少年」強

體力隨著年齡衰退是自然的道理，誰都會遇到。

下頁圖⑤是從最大氧氣攝取量，來看體力如何隨著老化而改變。當然，不運動和不鍛鍊時，人的體力就會不斷下滑。不過，也可以藉由運動等訓練，大幅減少衰退。例如，三十歲時下定決心開始運動的人，就算體力因為年老而慢慢衰退，也可以維持在高水準。

那麼，要是不從三十歲開始，就來不及了嗎？其實也不是如此。從圖表中可知，即使從五十歲開始鍛鍊，到了八十歲時，擁有的體力也相當於二十歲出

圖⑤：老年造成的衰退，也可以藉由訓練彌補相當程度。

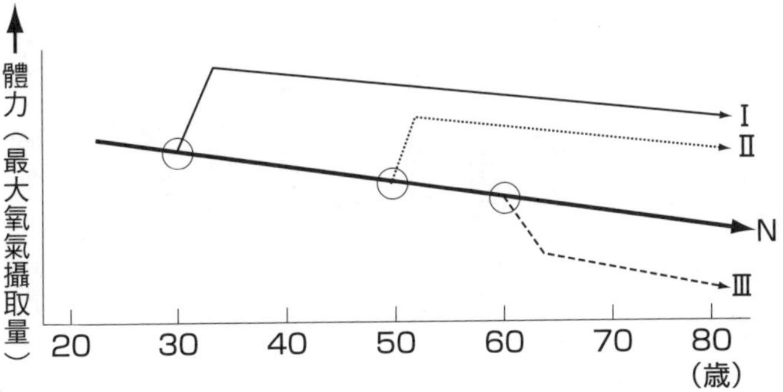

I：從 30 歲開始持續鍛鍊的情況。

II：從 50 歲開始持續鍛鍊的情況。

N：什麼都沒做。

III：60 歲時因病臥床的情況。

（跡見等研究者，1978年。）

頭、完全不運動的人。當然，這裡所謂的體力，只限於最大氧氣攝取量等，限縮在特定的資料，不代表能以相當於二十幾歲年輕人的速度跑步。

然而，就如同以山岳滑雪者聞名的三浦敬三，直到一百零一歲過世前都沒有退休一樣，只要持續鍛鍊，也能比二十幾歲、三十幾歲什麼都不做的年輕人，更強健的登山，這也是事實。

三浦的案例也是如此，關鍵就在於「持之以恆」。三浦從五十幾歲以後，即便到了一百歲，還是依舊為了山岳滑雪而訓練。

相反的，要是因為生病等因素而不能活動筋骨，體力就會大幅下滑，與曾訓練的人情況相反。以圖⑤來說，就是Ⅲ的案例，在六十歲時罹患疾病而不能活動筋骨。

從這份資料可知，不管幾歲開始運動和鍛鍊，體力都會再次提升；如果上了年紀，因為疾病及受傷而臥床，體力就會驟然下滑，難以恢復，這就是老化的特徵。如前所述，即使成了高齡人士，絕大多數人也可以正常步行，但是萬一不能行走的話，狀況就會一口氣惡化。

假設出外滑雪而摔跤骨折，年輕人即使在床上躺一個月，拆掉石膏後隔天就可以走路，可是高齡人士就沒辦法了。他們會一直躺在床上，要是很長一段時間沒有康復，就連起身都會很困難。流感惡化和肺炎也一樣，假如躺了一個多月，之後也一樣辛苦。

越是上了年紀，要是不活動的話，其功能就會驟然下滑。換句話說，與年輕人相比，年老造成的龐大差異，就在於「不使用時的衰退狀況」。

10 家裡蹲，最快老

不只是體力，頭腦也是一樣。不用腦的話，也會逐漸衰退，衰退速度更是會隨著上了年紀而越來越快。

年輕時當了幾年上班族後，突然宣布「要去參加司法考試」，開始拚命讀書。大學老是翹課、日夜打工的學生，突然以司法考試為目標，開始努力用功，這種例子很多。有時他們也會進步神速，實現夢想。

就算好幾年沒有用功讀書，但趁著年輕時先讀再說，就可以牢牢記在腦子裡。當然，因為生病或受傷而住院一個月左右，通常不會影響智力功能。

然而，高齡人士要是臥床一個月左右，只能看著天花板度日的話，往往就會變得痴呆。腦力也需要持續使用才能維持。

再重申一遍重點。

頭腦一不用就會衰退，而且越是上了年紀，衰退得越嚴重——所以，就算運動功能和智商沒有下滑，但若熱情、自發度、以及原動力的好奇心等情緒老化，上了年紀還過著不活動身體、不動腦的生活，運動功能和智商極可能逐步退化。

換句話說，比起腰腿衰退、記憶力下降，其實更該注意情緒老化。如果要求自己上了年紀後要低調簡樸過日的話，反而會加速老化。所以，當個惹人嫌、明明一把年紀還老是閒晃的「不良老人」，才是保持青春的祕訣。

只要順從好奇心的驅使，積極行動，就能維持體力和智商。但如果一開始便受到挫折，變成「家裡蹲老人」，就會老得更快。情緒老化堪稱是所有衰老的根源，也是最大的元凶。

「不用就會老化」，這一點就情緒來說也一樣。若不持續刺激情緒，就會衰退和老化。要是一直過著沒有刺激的生活，情緒就不再會受到觸動，而逐漸生鏽。

11 不只額葉衰退，血清素也是關鍵

額葉會隨著年老而萎縮，置之不理的話，更會加速情緒衰退。正因如此，才需要持續過著「能刺激情緒層面的生活」。

①額葉老化

就如之前不斷重申，額葉掌管思考、衝勁、情緒、性格及理性等人類才有的行為，也可說是充滿著讓人富有人性，能幸福快樂生活的精華。額葉功能發達的人行動力強，青春洋溢。

不過，遺憾的是，腦中神經細胞最早減少的就是額葉。持續運用額葉，也就能防止情緒老化，是防止所有衰老的第一步。

②動脈硬化

上了年紀後，膽固醇多少會在血管壁上沉積、增厚，讓血管變窄，血液難以流動，這就是「動脈硬化」。

動脈硬化的腦，容易產生「情緒失禁」的現象，會自發性的情緒低落（按：消沉、對任何事都悲觀以對，自責、落淚、想不開）和哭泣不止。換句話說，就是自己主動行動的情況減少，容易受到情緒擺布。

假如動脈硬化惡化，導致腦血管堵塞日益嚴重，甚至可能造成「腦血管性失智症」，動脈硬化可說是這種疾病的前兆。

以引發動脈硬化的危險因子來說，糖尿病和香菸確實不好。此外，還有高血壓、高膽固醇、肥胖、壓力、性別差異（也就是男性）及年老等。以前被視為眼中釘的膽固醇，就單一因子來說其實沒那麼危險。但若配合其他因素，像是糖尿病、肥胖、吸菸及高血壓，還是會造成問題，因此必須注意膽固醇值。

動脈硬化是所謂的生活習慣病，會提升以下疾病的風險，像是狹心症，還有心肌梗塞等因心臟周圍冠狀動脈的血液循環變差、堵塞，導致的缺血性心臟病，以及腦中風之類的腦血管障礙。當然，動脈硬化也會引發情緒老化，希望各位能了解這一點。

③血清素（神經傳導物質）減少

腦內的神經傳導物質「血清素」，在上了年紀後就會逐漸減少。血清素的作用是控制其他神經傳導物質，例如多巴胺（喜悅、快感）以及正腎上腺素（恐懼、驚訝）的資訊，穩定精神。

假如腦內的血清素不足，一般來說會罹患憂鬱症。即使是年輕人，如果血清素暫時減少，也會出現憂鬱症的症狀。即便還不到憂鬱症的程度，仍會讓人興致索然、心浮氣躁、抱怨身體某處疼痛，或是感到各種不適。

許多年長者會在診察室中抱怨這種不適。或許有人認為，上了年紀後當然會如此，但這其實也是情緒老化的現象之一。

血清素的原料，是肉類中所含、被稱為色胺酸的胺基酸。覺得上了年紀後，粗茶淡飯才健康，其實是迷信。飲食生活某種程度上依舊少不了肉類。

下一章起將會以容易陷入的情緒老化範例為題材，說明防止情緒老化的習慣與方法，尤其是「預防額葉老化的習慣」。

這個部分的重點是，要盡早開始養成這些習慣。

因為情緒老化會逐步漸進，導致少許的刺激無法撼動情緒。等到嚴重之後，即使看了旅遊手冊，看了電視的旅遊節目，也懶得出門；就算聽說哪家名店的美食令人垂涎，也提不起勁去吃；有朋友相約，也會因為嫌麻煩而拒絕。

即便市面上有預防情緒老化的書籍，也沒有意願閱讀，更別說要去實行書中的內容了。

以前光是能和友人喝酒就會開心出門，現在卻連這都嫌麻煩。一旦連玩樂之心都失去，就證明情緒老化已經發展到一定程度了。「好像會發生開心的事」、「似乎很有趣」，在這類心情運作的過程中，重要的是尋找什麼事會刺激自己，做什麼事會讓你快樂得廢寢忘食。

第 1 章

有人提不起勁，有人樂在其中

1 欲望，是生存的動力

日本古典名著《方丈記》（隨筆）的開頭是：「逝川之流不絕，然已非原水。浮於滯處之沫，時消時聚，未曾久留常駐。」即使不曾認真準備考試，這段話也銘記在許多日本人的腦中。

或許很多中高齡者都知道這段開頭句。世事不斷變化、轉瞬即逝的無常觀，正好符合日本人的心性。

關於作者鴨長明，多數人都只知其名，對他的印象似乎是捨棄塵世的隱者。事實上，鴨長明生於神道教高階神職之家，卻沒能在期盼的神社任職。以神職身分出人頭地之路遭到斷絕，在出家信佛後，便寫了這本《方丈記》。

像鴨長明這樣隱居和歸於沉寂，是日本人心中的理想形象之一。歌人西行也好，以《徒然草》聞名的作者兼好法師也好，都是以侍奉上皇的武士身分出家。很多人即使還未達到出家的程度，但恬淡生活、清心寡慾的態度，想必也讓他們心生嚮往。

然而，欲望是我們生存下去的燃料，也是能量來源。

精神分析學的鼻祖佛洛伊德（Sigmund Freud），將「讓性衝動展現的能量」稱為原慾（libido）。他的弟子、後來與他訣別的榮格（Carl Jung）則擴充原慾的概念，將它視為「一切本能的能量本身」。這種解釋差異，是兩人訣別的理由之一，但無論如何，「欲望」和原慾是重疊的。

佛洛伊德將稱為本我（拉丁文為it，德文為es）的無意識欲望領域，以及與體現出這種能量的原慾比喻為馬，並將位於理性中樞領域的自我（ego）比喻為騎手。

原本馬的活躍度，也就是原慾的強度、能量的分量及情緒高漲度，就因人而異，而且原慾的多寡，確實會隨著上了年紀而下滑，馬的活力會降低。然而，要是連騎手都老了，馬就更不會前進。關鍵就在於如何巧妙操控活動力變差的馬。

我們可以把額葉想成是發揮騎手功能的部位。如何在能量水準不斷降低的過程中積極生活，就與額葉的功能有關。

與年輕時相比，「馬的能力降低＝原慾低落」，欲望確實變得薄弱了。不只是性慾，支配欲和事業欲也少了，還經常放棄，食慾也衰退。

即使沒有這些狀況，但由於額葉功能低落，也就不會對事情有所執著，會覺得「啊，算了」、「即使貪圖也無濟於事」，甚至自己壓抑了對異性的興趣，覺得「這把年紀了，不可能還受異性歡迎」。

然而，欲望在本質上是生存的原動力，雖說上了年紀，也不該刻意壓抑。要是隨便抑制，就會變得事事提不起幹勁，做什麼都嫌無聊。

反過來說，只要能讓額葉確實發揮作用，妥善控制欲望，那麼無論活到幾歲，都可以事事樂在其中。即使上了年紀，是否也能依舊樂此不疲，能否不管做什麼事都不嫌無聊，就取決於如何與自己的欲望相處。

或許鴨長明、西行和兼好法師等人的確是隱居者。不過，他們熱中於創作活動，像是撰寫日記和隨筆，吟詠和歌等。雖然生活方式看起來歸於沉寂，但沒有沉寂到連表達的欲望都枯竭。他們別說是情緒老化，簡直就是老當益壯。

在人們壽命延長的現代，要是提早歸於沉寂，漫長的後半生就會變得很辛苦。我們反而要像鴨長明和西行這些創作者一樣，擁有某些興趣和熱中的對象，這是今後上了年紀的人必備的條件。

Point

・自問要是現在退休，有沒有什麼事能天天熱中投入。

2 說是餘生，其實還很長

老年人想像的「日日是好日」，是在家裡照顧孫子、孫女的同時安詳過生活。以前或許確實是如此。

一九五五年，日本男性的平均壽命為六十三・六〇歲，女性為六十七・七五歲，非常短暫。才不過六十多年前，男性五十五歲左右就已達退休年齡，餘生不到十年。雖然這只是平均值，而且也有長壽的人，但總之以往六十幾歲的人，遠比現代的蒼老得多。

當時核心家庭沒有那麼普遍，理想的晚年是在照顧孫子的同時，笑嘻嘻的度過餘生。現在的中高齡者就是誕生在那樣的時代，直到最近觀念都是如此。

現在情況則有所改變。日本厚生勞動省發表的簡易生命表指出，二〇〇五年男性的平均壽命增加到七十八．五三歲，女性增加到八十五．四九歲（二〇二一年為男性八十一．四七歲，女性為八十七．五七歲）。順帶一提，根據同一張生命表，六十歲時男性的平均餘命為二十二．〇六歲，女性為二十七．六二歲（平均壽命就是零歲時的平均餘命，即零歲時平均能活多久）（同樣二〇二一年，男性為二十四．〇二歲，女性為二十九．二八歲）。雖然有越來越多人到了退休年齡後還想工作，但提前退休也不再罕見。這就表示從第一線退下來後，會有二十年到三十年可活。

這已經是稱不上「餘生」的程度了。就如序章所言，老年人的身體功能一直回春，智力功能也意外的並未衰退。如果憑以前的印象來理解這個現象，怎麼想都不合理。

以前還有孫子可照顧，倒也算不錯。但現代社會正逐漸核心家庭化，不少老人沒有和孫子同住，無須特別照顧別人，什麼興趣都沒有，一整天在家裡看電視發呆度日。這是非常糟糕的狀況。

比起年輕人，老人家的「繭居」更為嚴重

年輕時無論好奇心強或弱，每天都有工作得做，光是這樣就沒辦法無所事事的過日子。但若是退休年齡後的世代，要是不刻意刺激好奇心，外出的機會也會不斷減少。雖然這個現象並未在社會上蔚為話題，卻與年輕人的「繭居」沒有兩樣。

現在老年人繭居的實際人數，應該遠遠多於蔚為社會問題的年輕人繭居。雖然沒有詳細的數據資料，卻有非常多高齡者外出只為了買東西。換作是年輕

人，就會被認為是病態的家裡蹲了。

從六十幾歲退休、不上班開始，這種老年人家裡蹲的現象，會隨著年齡漸長而明顯增加。在我的印象中，老人家有二〇％至四〇％是繭居族或是繭居族預備軍，甚至一般認為到了八十幾歲後，就有五〇％以上的人不常外出。

年輕人也一樣，就算起因只是雞毛蒜皮的小事，但若在家裡窩久了，也無法輕易脫離，踏不出第一步。看看繭居的人，給人的印象還是額葉功能低落，喪失幹勁和好奇心，因為踏不出家門而越來越無法行動，陷入惡性循環。

老年人要是成了家裡蹲，也會直接縮短壽命。雖然，說六十幾歲的人年老會有語病（在我的定義中，高齡人士是七十五歲以上），但有些案例是即使到了六十多歲，也幾乎足不出戶，一旦陷入這種情況，就會急速老化，這也是事實。

情緒徹底衰老之後，就很難再復甦到激昂的程度。

我認為，四十幾歲正是預防情緒老化的時候，要開始尋找、嘗試能刺激情緒的事物。因為到了四十多歲後半，就能在某種程度上看出自己的職涯前景，只有極小一部分的人能成為董事，許多人多少會開始感到灰心和失望。以女性來說，就是養兒育女告一段落，放眼未來的時期。

這段時間持續懷抱著空虛，雖然說偶爾會放假，但一整天看電視、虛度光陰的話，將來就危險了。重要的是尋找人生的樂趣，來代替工作和育兒。

Point

・盡量不要看電視，找其他娛樂代替。

3 去體驗，去行動、去享受

之所以建議從四十幾歲開始預防情緒老化，還有其他原因。

其中之一是因為，這是即將迎接五十歲的人生轉捩點，再加上更年期障礙，就會提高失去衝勁的風險，不願意預防老化。最好在意興闌珊之前馬上開始。

另一個原因是過了四十幾歲後，嗜好就會固定，清楚了自己真正的樂趣和喜好。

十幾歲、二十幾歲時喜歡的食物、音樂、迷戀的興趣，還有喜歡的女性類型，到了四十幾歲往往會徹底改變。另一方面，四十多歲時喜歡的事物，即便到了六、七十歲，也往往會持續喜歡。

四十幾歲時喜歡打高爾夫球的人，到了七十幾歲也依舊喜愛；喜歡唱卡拉OK，或是喜歡在特定場所喝酒享樂的人，到了七十歲也依舊想去唱歌或享樂。假如可以玩樂，就會湧出想去做的欲望與熱情。高爾夫球也好，卡拉OK也好，不管什麼地方，只要覺得想去，至少不會整天繭居在家。

比如，有位八十多歲的男性喜歡歌舞伎，每週一定會去看一次。他從六十歲退休起，就會前往東銀座的歌舞伎座（按：歌舞伎座是位於日本東京、專門演出歌舞伎的劇場）觀賞表演，然後去築地市場買完魚之後再回家，這種生活方式持續了將近二十五年。

話雖如此，既然能長年埋首於一個興趣，當然也可能會厭倦。所以四十幾歲時，最好盡量擴展觸角，不要立刻一口咬定「自己的興趣就是這個」。

做什麼都嫌無聊，是明顯的老化跡象。

假如在四十幾歲、五十幾歲時，明明有自覺卻置之不理，就會老化得更厲害。重要的是，要去體驗「世上竟然有這麼有趣的事」。

但有很多人會說，假如是在會確實支付退休金，企業年金也充實的公司上班，這種人通常都忙於工作，根本無法尋找樂趣或投入喜愛。不過事實上，我見過的一流企業人士，多半擁有多采多姿的興趣，包括聽歌劇、看歌舞伎等。

可以說，能幹的人經常保持額葉年輕。這就像「先有雞還是先有蛋」的討論一樣，因為額葉年輕，興趣也就廣泛，還會付諸行動，結果額葉就會得到更多刺激，進而保持青春，產生良性循環。

為了實現這種良性循環，就必須在做什麼事都嫌無聊之前，特意過著能刺激好奇心的生活。

具體來說，最重要的就是「行動」。假如興趣是聽古典音樂，那麼除了蒐集CD之外，也要試著每年至少參加一次音樂會。如果喜歡美食節目，就親自走訪節目介紹過的店家。

養成習慣，從家中往外踏出一步，進而建立行動和欲望的良性循環，就是落實活化額葉的生活。

Point

・每年計畫並執行一次與興趣有關的大型活動。

4 不要窩在家看電視

掌上遊戲機「任天堂ＤＳ」銷路甚佳，累計超過一千萬臺，是目前日本發售的所有遊戲機中，普及速度最快的產品（二〇二〇年時，已賣出一億五千萬臺）。

二〇〇六年前半，任天堂ＤＳ的遊戲軟體中，最暢銷的是《川島隆太教授的ＤＳ腦力強化訓練》，多達兩百五十七萬片（二〇二二年時，已賣出約一千五百萬片），十分驚人。前作《大人的ＤＳ腦力鍛鍊》也熱賣約兩百萬片（二〇二二年時，已賣出約一千九百萬片）。書店中關於「腦力」的書籍多得讓人眼花撩亂，包括給成人的著色畫、朗讀及百格計算等（按：百格計算是陰山英男發明的運算練習法。首先製作十一乘十一的表格，左上角的格子填入加減乘除其中一項運算符號，最左行和最上列的格子填入零至九的數字，練習時再依照該行、該列的數字及運算符號計算出結果，填寫在行列交會的空格中），不只限於遊戲軟體，也形成一大熱潮。

換句話說，人們就是這麼在乎腦部衰退，不想罹患失智症。但我擔心的是，正因為形成熱潮，使得許多人在提升實際效果之前，就感到放心。

當然，這種腦力開發軟體、成人著色畫、朗讀及百格計算，做了也遠比不做來得好。說起來，光是覺得「記憶力變差，似乎在逐漸老化，所以要買遊戲主機、玩遊戲鍛鍊頭腦」並採取行動，就證明了額葉還年輕。

實際上，雖然玩了遊戲，朗讀或做簡單的百格計算，也會增加腦部的血流量。只不過，要是僅此而滿足，就沒有意義了。

如果就此停頓，就像是僅僅發動汽車引擎加溫後又再次關閉，或者只耕田而不播種。

要是在刺激額葉後不持續付諸行動，預防情緒老化的作用就不會太明顯。我們可不能把目標放在「遊戲說你的腦年齡只有十幾歲」，這只不過是實際行動之前的暖身運動。許多人以為，只要事先刺激額葉，就不會衰老或罹患失智症，但如果目標只放在鍛鍊額葉，就本末倒置了。

「事事嫌麻煩的人變成行動派，動了想要旅行的念頭」、「想要挑戰資格考試」、「想在退休後創業」，必須發展到以上的行動層次，才能有效防止情緒老化，也就是不會衰老。

當作遊戲來玩，開心就好。判定腦年齡，對於回春忽喜忽憂，也不能說沒有觸動情緒。但如果只是因為鍛鍊額葉就掉以輕心，覺得沒問題，就危險了。

製造契機，心動不如馬上行動

相信各位已經明白，要避免衰老就得積極行動，光靠玩遊戲、用功讀書來刺激額葉還不夠。事事提不起幹勁的人，與衷心樂在其中的人，其實差異就在這裡。無論如何先行動，就能輕鬆找到接下來想要做的事，無論做什麼都會很開心。

老是看電視讓人不敢苟同，但是也不必把電視視為眼中釘。只要養成習慣，看了節目後付諸行動就可以了。

例如，年輕時就算喜歡音樂類和綜藝類節目，隨著年紀漸長，也會轉而喜歡歷史類和旅遊類節目。既然如此，不妨實際探訪一下節目拍攝的地點。NHK的節目《轉動歷史的時刻》（その時歴史が動いた），會提到廣為人知的事件和發生的故事，但也會向觀眾介紹絕對不會出現在教科書上的地點和史實。

通常在大都市近郊，都會有意外貼近生活圈的歷史名勝。東京和京都也是這類史蹟的寶庫，還搭上風靡一時的下町熱潮（按：下町指住宅、小商店密集，具懷舊氛圍的市街，《ALWAYS幸福的三丁目》即以東京下町為故事舞臺），提供豐富的逛街誘因和素材。日本的地方電視臺也經常播映回顧鄉土歷史的節目。各地應該都有一些地點，是經由節目介紹後，吸引自己想去的，只要花上半天就能前往。

也有很多人會走訪時代劇的場景。一手拿著復刻版江戶地圖或文庫本，行走在東京的淺草、本所、深川、目黑不動尊、池上本門寺一帶的人，想必都是作家池波正太郎的小說《鬼平犯科帳》（按：描述主角長谷川平藏偵查犯罪的故事）的粉絲。司馬遼太郎的著作，包含遊記在內，幾乎寫遍日本全國，只要願意動身，能造訪的景點要多少有多少。

我的朋友中，有人喜歡幕末的蘭學者（按：蘭學指日本江戶時代由荷蘭人傳入日本的西洋學問、文化）高野長英，廣泛閱讀他的作品，追溯他的足跡，旅遊日本全國各地。對歷史感興趣而出外旅行，不只能追溯先人足跡，還會意外的走到風光明媚的地方，嚐到美味的食物，充滿新發現，有趣得不得了。我這位朋友是四十歲之後不久開始旅行的。

如果更正式一點，假如喜歡透過電視或DVD觀賞世界遺產，不要只是看看就滿足了，不妨大膽前往。每年選一個地區和主題，充分準備之後再造訪。日本的世界遺產中，也有許多知名的觀光景點，像是法隆寺、姬路城、日光及原爆圓頂館等，相信很多人都曾走訪其中幾處。這樣的話，不妨去些還沒去過的地方，蒐集紀念章，這也是一種玩法。

外國也有很多觀光景點，像是羅馬或威尼斯這類，能輕鬆走訪兼觀光，應該可以發現各式各樣的主題。

如果原本就是鐵路迷，不妨將目標設定為「以會動的世界遺產」聞名的奧地利塞默靈鐵路（Semmering Railway）。這條鐵路使用當時最尖端的土木工程技術，首次成功穿越當時認為無法跨越的阿爾卑斯山。

以佛教遺跡為主題的話，也有人會花幾年時間，逐一造訪泰國的古城阿瑜陀耶（Ayutthaya）、斯里蘭卡的獅子岩（Sigiriya），以及古都康提（Kandy）等地。

這些人經常說，「只要實際出門一趟，就還想再去」，我相信這是真心話。行動一次之後，就會想要再次行動，就容易動起來了。

Point

・實際走訪喜歡的小說場景。

5 中高齡創業，絕非妄想

隨著平均壽命延長，人們的勞動意願也逐漸改變。

稍早之前的資料指出，六十歲退休後還想繼續工作的人，確實在增加當中。看看下頁圖⑥就知道，想要工作到六十歲的人只有九・五%，有八成的人即使過了六十歲還想工作。

另外，屆齡退休的上班族當中，也有很多人贊成「高齡人士創業」。就如下頁圖⑦所示，有八五・九%、超過八成的人贊成高齡者創業，而且也有二三・五%的人「覺得非常好」。最多的是「雖然覺得不錯，現實中卻很難做

圖⑥：八成的人即使到 60 歲以後，也想繼續工作

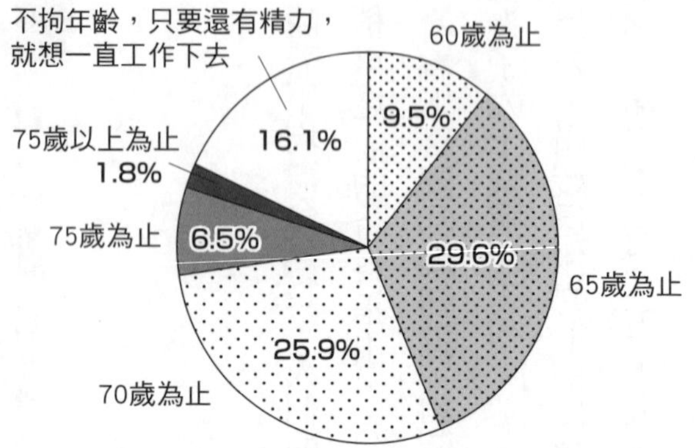

圖⑦：八成以上的高齡者，贊成「高齡人士創業」

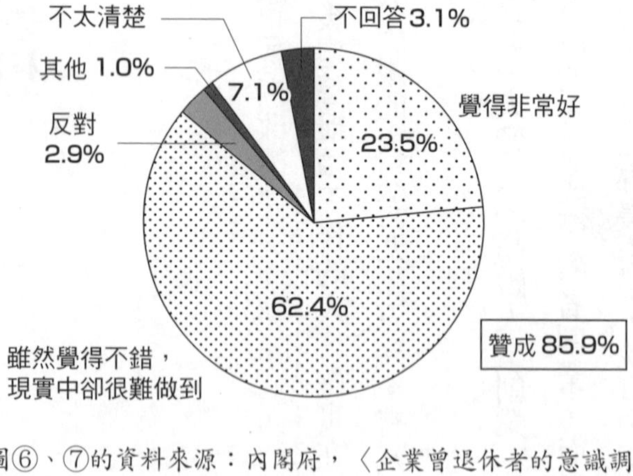

（圖⑥、⑦的資料來源：內閣府，〈企業曾退休者的意識調查1998年〉。）

調查對象為 60 歲以上人士，從員工規模 1,000 人以上企業（32家）的曾退休者（退休人員名冊）當中抽樣（1成），回答人數 1,256 名。

到」，占六二・四%。根據這樣的背景，四十幾歲、五十幾歲夢想創業，提出適合創業的點子，摸索生活規畫，絕非異想天開。

我從以前就建議大家，不須離開公司，靠小資本的副業賺錢（《待在公司的同時，實現年收三千萬日圓》（会社にいながら年収3000万を実現する），祥傳社黃金文庫）。我自己也在實踐當時解說的觀念，也就是花小錢、屢次嘗試創業點子，直到開花結果為止，這樣就能以相當高的機率成功。

即使是再小的生意，即便仍繼續當上班族，創業就是創業。憑自己的才智賺錢，以腦部的刺激來說，屬於最頂級的一種。假如事業未如預期般成長，就必須思考原因和對策；若是一帆風順，則要妥善分析成功的理由，這是讓事業飛躍成長的祕訣。有時失意，有時得意，雖然不能單憑情感來經營事業，但有些時候免不了會觸動情緒。

開始創業後，就能學到很多東西，從實踐當中也會產生新的點子。藉由行動來刺激額葉，重新產生幹勁、好奇心及欲望，再逐漸成為有行動力的人。

當然，創業很少一開始就順利。無論是開蕎麥麵店或賣故鄉特產，既要反覆嘗試錯誤，而且失敗受挫的機率還很高。

所以，剛開始千萬不要借錢，要以存款範圍內的小資本做起。雖說是小資本，金額也因人而異，理想的界線是自己財產的一成到兩成，哪怕失敗，之後也不會大幅影響人生。如果是存款一千萬日圓的人，小資本就是一百萬到兩百萬日圓，這點金額就算失敗，也挽救得回來。只要當作是花一百萬日圓參加驚險的遊戲，就會想開一點。投資股票，不如投資自己的人生。

等到步上軌道、發展到某種程度後，再離開原本的公司，甚至借錢投入孤注一擲的大勝負。現在這個時代，不曉得做什麼事業才會賺錢，不如在觀望結果的同時，隨機應變提出新方案，或許成功機率會比較高。

直接利用興趣和喜好來創業也很好，夢想一夕致富而創業也不錯。對於額葉來說，積極的精神和刺激的生活是最佳良藥，這種人的情緒不會輕易衰老。

假如是夢想一夕致富而創業，我提供一個建議，就是不要太堅持「獨創的點子」。如果一直試圖擠出前所未有的好點子，結果往往什麼也想不出來。即使無聊，即使老套，也要先重量不重質，試著想出大量的點子；再做各式各樣的調查，鎖定創業的題材。光是這個過程，也會讓人相當開心。

另一個要注意的是，若等到情緒老化後再實際創業就難了。前火箭科學家坂井廣自己也在屆齡退休後，在網路上提供綜合釣魚資訊站，並從事退休後的創業支援。他表示，能在退休後創業且順利的案例，幾乎都是從四十幾歲就開始醞釀點子。

別認為自己絕對沒辦法創業，要嘗試多方思考。假如事業順利，就能獲得生活意義和收入兩大果實；就算失敗了，只要當作是開心參加比賽，也絕對不吃虧。

Point

・多思考「這個好像會成功」的創業點子，關鍵在於重量不重質。

6 情緒老化的口頭禪

到了四十幾歲，工作和家務就變成每日例行公事。從上班族的角度來看，進入公司以來過了二十年，已經習慣公司和工作的同時，也逐漸感到厭倦。習慣和厭倦是一體兩面。人生經驗豐富之後，就不再對各式各樣的刺激感到驚奇。

例如，即便對老員工而言，某些工作不過只是例行公事，但對新進職員來說，會覺得一切都很新鮮，既緊張也困惑。失敗時的低潮和順利時的成就感都非常巨大。但說不定一段時間後就習慣了，覺得是「無聊的工作」。

或者，四、五十歲第一次從外地來到大都會的人，與為了大學入學考、第一次踏進都市的十八歲青年，兩者的感受截然不同。前者可能在電視和雜誌上看過台場的風景和新宿的高樓大廈群，假如去過大阪、札幌、廣島和博多這些大城市，即使都市的規模不同，也會事先調查商店街的品牌店和通勤尖峰時刻。對於大多數事情既不驚訝，興奮和擔憂的程度也不同。換句話說，人生經驗反而會成為阻礙，讓人感覺不到新鮮感。

這種藉由人生經驗累積的智慧，就稱為「晶體智力」（crystallized intelligence）。雖然思考和判斷力會因此提高，但反過來說，就是「已經預判得到未來」，即使是初次體驗，感動程度也會下降。既沒有像年輕時一樣獲得嶄新的經驗，遇到各種刺激時也料想得到，對於事物的關注更是開始淡薄。

假如聽到新聞時的反應是「那是當然啦」，或是在對話中經常說出這句話，就要小心了。

像是談到瓦斯設備製造商，即使因為自家產品而導致死亡意外，也不肯承認失敗的責任；或是談到警察未充分求證殺嬰的可能性，就以意外案件處理時，你是不是也擺出「這是當然啦，組織中經常就是這樣」的表情？

雖然從以往的知識和經驗，確實可以看出事物的背景因素和機制。不過，要是把每件事都視為理所當然，也可能會蓋過情緒。其實，驚訝和憤慨也是必須的。當然，這不代表要顯露火大、憤怒等情緒。然而，事事都一副我最懂的人，既會遭到周遭人的疏遠，這樣的生活態度，也會讓自己的情緒在不知不覺中老化。

Point

・口頭禪是「那是當然」的人，要當心。

7 怕丟臉不是理由

到了中高齡後，內心不易激昂的原因除了「習慣」之外，也是因為額葉功能低落。

雖然，日本有句俗話說，十幾歲時「筷子掉了也會笑」，但如果成年後情緒依舊豐富的人，即使遇到些微小事也會感動。不過一般來說，年老後越來越不會為了小事感動，額葉功能下降後，要是沒有強烈的刺激，就沒有感覺。

感受變得遲鈍，就會因為已預想到結果而難以感到驚奇，所以需要特意追求更為強烈的刺激。

感動基本上會因為預測和實際體驗的落差而產生。品嚐知名主廚的料理時也一樣，平常吃慣一流餐廳的人，多半會覺得「就這樣嗎」，最後的結果落在預期範圍內，只有在超乎期待時才會大受感動。雖然端出讓人期待落空的料理也會失望，但是預測的範圍也會朝壞的方向擴大，只不過還不至於非常生氣吧。

隨著經驗的累積，預測的幅度就會格外擴大。只要餐廳的料理味道落在這個範圍內，就不會因美味或難吃而驚訝。

因此，才需要製造機會，接受與自己的預測背道而馳的意外刺激。例如好吃的老饕，就要吃一些以往沒嚐過的東西。習慣高級日本料理的人，大多數菜色都無法讓自己感動，但如果試著挑戰以往敬而遠之的泰國料理，或許也能遇到意料之外的美味。

除此之外，以強烈刺激情緒的事情來說，還有麻將和賽馬之類的競賽與賭博，以及戀愛。它們的共通點在於，有時會發生意料之外的不確定性，以及

「這次想贏」、「想要變強」等，能刺激上進心的事情。

掌管上進心的也是額葉。競賽和賭博輸了會懊悔，於是研究敗因並多努力，希望下次會贏。戀愛也一樣，剛開始會絞盡腦汁、思考怎麼做才能讓對方開心，自己也會努力成為與對方匹配的人。不管發生什麼事，覺得自己慢慢進步，都是大快人心的體驗，也會成為生活的能量。

實際上，戀愛是回春的妙藥。即使是有輕微失智症狀的老太太，如果遇到出色的老先生，也會開始化妝、在意服裝，之後症狀也常會好轉，曾經年輕、有活力的心會突然復甦。

「怕丟臉」是回春的最大阻礙

以前我和評論家竹村健一（按：於二〇一九年過世）對談時，他曾提到：

「我從五十歲開始打網球，五十七歲開始滑雪，五十八歲開始玩水肺潛水。」他從一般人通常會放棄的年齡開始，這份好奇心和行動力，說明他的額葉還很年輕。

在昭和四十年代至五十年代（按：一九六五年至一九八五年左右），竹村是超級大紅人，上至新聞節目、綜藝節目的來賓，下至電視廣告，幾乎每天都會在電視上看到他。雖然他之前不太接觸運動，但他從年輕時就充滿好奇心。

竹村以傅爾布萊特（Fulbright）獎學金的交換留學生身分，到美國留學後，並未馬上返回日本，而是搭船橫渡大西洋、前往歐洲，花了半年才歸國。「當時的法令限制日本人出國，我就趁這個機會順便去一下。」從這則小故事，就可窺見他的好奇心之強。

竹村從五十幾歲起，就嘗試各式各樣的事情，同時持續投入多個興趣。從腦的特性來看，這樣做實在很合理。無論是工作還是玩樂，只要同時做好幾件事，就可以訓練用額葉轉換情緒。即使有些事做得不順利，但若有別的興趣，就容易轉換心情。有很多喜好、興趣的人善於轉換情緒，能夠遠離序章談到的「固持」現象。

另外，竹村的厲害之處是，當他嘗試新事物時，不會覺得「這把年紀還亂來」、「年紀都已經一大把了」、「事到如今還搞這些做什麼」。

社會往往會強加奇怪的生活規範和道德觀在老人身上。當事者和周圍的人往往會刻板的認為老人就該歸於沉寂，恬淡度日，覺得中高齡者穿西裝就適合灰色或茶色。當時的風氣認為短歌和俳句比麻將還高尚、合宜，而且越是上了年紀，就越想要套進規範和框架。但這本質上就搞錯了。

正因為額葉功能逐漸衰退，熱情也會減弱，所以才必須重視自己的興趣和好奇心。就算嘗試的動機是「年紀差不多了，寫首俳句也好」，也不會持久。別因為年紀大就放棄或罷休。

歌人齋藤茂吉過世後，他的妻子輝子女士即使年過八十歲，也會環遊世界各地，而且還選擇南極、非洲和其他較難造訪的地方。在她和兒子北杜夫的對談中，雖然曾豁出去的說「偉人的妻子一定會被大家視為惡妻」，生活方式卻絲毫不受無謂的道德觀或是「這把年紀還亂來」的無言壓力影響。

到了中高齡後，就不要過度在意周遭人嫌自己幼稚，或是告訴自己「都一把年紀了……」，而是要做自己覺得有趣的事。何況如果還有金錢和時間，比較容易獲得以往不曾體會的強烈刺激。

假如在不斷嘗試新事物後，覺得不適合或無聊，不妨馬上放棄，專心投入下一個。

Point

・最好的讚美之詞，是別人對你說：「都這把年紀了，還亂來。」

8 只要不犯法，都該主動嘗試

現代有許多事物，不久之前還不存在。

例如，讀者們第一次看到違法的無碼成人錄影帶，或網路上流傳的色情圖片，想必會十分驚愕。應該會對於與青春時代觀看《平凡Punch》時的落差（按：《平凡Punch》是日本發行的男性雜誌，內容涉及情色）之大，感到佩服或吃驚。以前看過藍色電影（按：藍色電影是日本電影草創期對色情電影的俗稱）的人，對於那種不合法的性愛場面也習以為常，或許不會再感到驚訝，但對於沒看過的人來說，則是很大的刺激。

前面也提到，食物也是一樣。上班族當久了，也會在招待客戶時吃到各種美味料理。不過日本公司招待客戶的餐廳，以日本料理占壓倒性多數，很少會去法國料理或義大利料理名餐廳。

就連公司裡習慣走訪高級餐廳「吉兆」和「數寄屋橋次郎」的重要人物，嘗到活用新鮮食材再略作修整的新潮法國料理時，說不定也會很吃驚，「竟然還有這種法式風味」。或是到飯店的餐廳用餐時，又或者是品嚐只有婚禮才吃得到的法國料理時，應該也會體會到新鮮的感動。

何況，婚禮上更不會出現義大利料理，假如前往現在蔚為風潮的義大利料理名店，就會留下強烈印象：「原來是這樣的味道啊！」

請各位務必嘗試一下以往可能會猶豫、卻步的事，這就是訣竅。

五十歲後才嘗試賽馬也不錯；以前只去理髮店的男性，不妨光顧一下美髮沙龍，也是很好的嘗試；邀年輕人去喝酒也很好。如果以往都去銀座俱樂部，卻沒去過酒店、夜總會的人，去一次嘗鮮也無妨。

說得極端點，只要不犯罪，那麼去什麼地方、做什麼事都可以。要充滿行動力多嘗試，別被從前的規範和道德束縛。

嘗試後要是覺得無聊或不適合自己就放棄。從中高齡男性的角度來看，也漸漸不再認為女孩子年輕就好，雖然有人沉迷於夜總會，但也有人覺得能靜靜喝酒和開心聊天的文壇酒吧（按：日本藝文人士經常造訪、聚會的酒吧）較讓人放鬆，還有人覺得這種酒館一點也不好玩。然而，不去嘗試，就不會知道。

Point

- 只要不是犯罪，要是能開心，就該主動嘗試。

9 退休後，怎麼交新朋友？

曾是上班族的人退休後，會突然變得蒼老，很大的原因是突然少了以往幾乎天天見面的同事，失去人際關係。換句話說，就是沒了能隨時聊天或邀約的對象。

假如能與另一半保持親密的關係倒還好，但如果兒女都已長大成人，夫妻間可能都不交談，有時甚至會一整天說不到幾句話。

這時就少不了友情。然而在四、五十多歲時，除了工作圈或學生時期的好友以外，其實大多數人的身邊沒那麼多朋友。

重要的是在上了年紀之前，建立工作圈以外的新交友關係。四十幾歲後，與其把目標放在受大家喜愛，不如交幾個親密朋友，能夠隨時商量或一同玩樂，哪怕只有幾位也無妨。

因此，我們需要重新審視自己，在私領域的優點為何，除了工作以外，能和人一較長短的是什麼，像是「打麻將不輸任何人」、「唱卡拉ＯＫ比專業歌手還好聽」，什麼都可以。這些會成為龐大的力量，有益於建立豐富的人際關係。

而且現在有網路，即使興趣相當小眾，也可以輕鬆找到同好。不管是什麼嗜好，都會有大約每個月相聚一次的夥伴團體。

一群擁有許多舊密紋唱片（ＬＰ）的同好，相聚在擁有類比唱盤的人家裡。還可以依照音樂類型，細分為喜歡爵士樂或七〇年代搖滾等；其中也有些同好想用自製真空管式擴大機來聽，以至於特別注重自製的方式。興致和迷戀越強烈，就越容易交到親近的朋友。

到了退休年齡後，不妨主動擔任這類團體和社團的幹部。如此一來，不管是否情願，都會增加外出辦事的機會，而且也能實際體會到身為幹部「受人依賴」的感覺，這在退休後具備的意義格外重大。

Point

・趁早找到會定期聚會的同好團體。

10 預防情緒低落的工具

《朝日新聞》的讀者投稿欄曾刊登一則故事，敘述一位九十一歲的老太太開始架設網站。雖然她已經九十一歲，身體卻沒有特別差，似乎能活得一百歲，只是她不曉得可以健康的外出到什麼時候，於是就趁現在架設網站，想要藉此交到更多朋友。這樣的故事讓我深受感動。

世上也有充滿活力的「超」高齡人士。恐怕就算是四、五十多歲的人之中，也有很多人的額葉，比這位九十一歲的女性還要衰老。

得拜託部屬才能複印和傳真的人，現在已經很少見了，但還是有很多人不會用（不打算使用）電腦。事實上，前幾天就有個五十幾歲的人想要寄電子郵件，自己卻打不開，真令人驚訝。

如今是網路時代，有很多預防情緒老化的工具。像是部落客，一下子就增加許多，他們只用日記形式寫出文字，就可以輕鬆製作自己的網站，連照片都可以一併公開。據說日本已有大約九百萬人開設部落格，其中還包括大獲好評、拍成電視劇的《鬼嫁日記》（按：講述主角和強勢妻子的日常生活）。假如太太看了不開心，還可以寫個更厲害的鬼嫁日記。

以前，就算撰寫小說和散文以追求自我表現，也沒有發表的機會，但現在熱門的部落格卻不分專家和門外漢，只要有趣，就會吸引網路讀者支持，接著出版成書，這已成為一種固定流程。

當然，用照片和文章記錄每天的生活，而且讀起來還要有趣，需要花費相當的工夫，但也因此更值得深入玩味。

架設熱門部落格的祕訣之一是每日更新，所以也有說法指出，為了尋找部落格題材而整天奮戰的「部落格病」患者正在激增。不過，為此改變通勤或散步的路線，常以尋找拍攝目標的眼光注意周圍環境，對於頭腦而言，絕對是良好的刺激。

與過往架設網站相比，部落格就簡單得多。另一方面，也有人批評，以前寫好文章後會重覆閱讀好幾遍，現在大都寫好就直接發布，所以不經過頭腦思考、隨意亂發的文章就多了。

但即使如此，做了也遠比不做好，重點在於使用方法，總之就是先實踐再說。說了一大堆優點卻不實踐，還是會導致額葉老化。

工具有是有，之後就要思考，如何在下班後用來預防情緒老化了。

就如序章所言，額葉衰退也會導致難以轉換情緒。任誰都曾在遇到厭煩的事情後意志消沉，悶悶不樂；但到了中高齡，消沉後無法順利振作起來，原因多半還是在於額葉老化。

事先準備好讓自己快樂的方法，情緒低落時就派上用場

就如「雪上加霜」和「禍不單行」之類的成語，麻煩纏身之際又遇上更糟的事情，原本消沉和不安的負面情緒就難以平復。心情低落時，容易動不動就往壞的方面想，無法準確的判斷，結果陷入惡性循環。

想斷絕惡運就要記得，哪怕多少有點倒楣，也不要認為「我已經不行了」、「不管做什麼都不順利」。換句話說，就是養成習慣，不要在意志消沉時反省。鬱悶時必然只會看到自己的缺點，這時要是再反省，一定會陷入越來越消沉的「惡性循環」。

為了斬斷這種惡性循環，平時就要記得，意志消沉時絕對不要自我反省，

而且還要事先預備能迅速轉念的方法。例如，事先找好喜歡的咖啡廳、飲料店，當你無法專心工作時，去那些店家就能轉換心情。或是在疲累、提不起幹勁時，一定要吃燒肉。這些儀式性的行為將會發揮作用，成為斬斷惡性循環的誘因。

但如果這樣還是鬱悶得很嚴重，持續夜不成眠，冷不防就流淚，那麼最好前往心身醫學科或精神科尋求協助。憂鬱症只要早期治療，就有很高的機率靠藥物痊癒。建議各位以兩星期以上為基準，假如同樣的狀況持續困擾自己，不妨直接就醫。

實際上，現在有非常多四、五十歲的人埋怨「自己從來沒有心情低落得那麼嚴重，二十、三十多歲時還不會這樣」。憂鬱症初次發作的年齡，多為四十幾歲和五十幾歲，這也和神經傳導物質血清素，隨著年齡減少有關。

世界衛生組織（WHO）的統計指出，現在全球有三%的人口罹患憂鬱症，一生當中染上憂鬱症的機率為一五％至二五％。就算年輕時並未罹患，也不見得就不會得到憂鬱症。越是覺得自己不會抑鬱、事不關己的人，其實越不擅長適應變化，要多小心。

自己也要意識到，假如感覺不適持續兩星期，就要看醫生。家人對此有共識，彼此關心問候也能發揮作用。因為要是真的陷入低落的情緒，是沒辦法自動自發去看診的。

另外，我們也可以趁著心情不太愉快、還沒惡化成重症之前，以輕鬆的態度走訪幾家精神科，找出適合自己、值得信賴的醫師。現在也有非常多人對於去精神科躊躇猶豫，但請先消除這樣的念頭，就像我們染上感冒時，一樣會去看醫生，不妨抱持這種輕鬆態度，妥善利用精神科。

Point

・如果心情低落、提不起勁的狀態持續兩週，一定要就醫。

第 2 章

情緒開始老化的徵兆

1 瞬間發飆

最近常看到年輕人只要一不如意，就馬上連聲抱怨「氣死人了」，或是心浮氣躁、遷怒周遭人。所以也有人掌握到這種趨勢，說他們是「容易發飆的年輕人」。

但我確實感覺，其實容易發飆的不只是年輕人，暴躁的中高齡者和老人也越來越多了。醫院候診等久了，就放聲大罵的老年人還比較多。遇到些微小事便勃然大怒的中高齡者，似乎也在逐漸增加。

雖然這和社會趨勢也有關係。比起以前，現在的中高齡者和老人較不受重視、不受尊敬，但姑且不論這種分析是否合理，要是周圍的人覺得「那個人最近常常心浮氣躁」，或是自覺到開始為了些微小事發火，就證明老化正在進行。

四十幾歲前，為了無聊的小事而發火的次數會逐漸減少，也會累積社會經驗，進入「歷盡滄桑」的階段。這樣一來，「能成熟應對的自己」也能滿足自戀，還能做個越來越從容、有包容力的主管。到這個階段是成長期，能夠期盼自己逐漸成熟。

然而，要是過了四十多歲，管理職的工作也得心應手，發火的次數就會再度增加。像是無法容許部屬些微的失誤，或是氣最近的年輕人不懂怎麼態度合宜的好好說話，樣樣都會惹怒自己。捷運中甚至還有中高齡者，因為被陌生人撞到，對方的態度有點自以為是而火大，進而引發暴力事件。

這就是無法控制情緒。如果是年輕時就容易發怒的人，不能一概斷言是由於老化所導致。但若原本不容易發怒的人，變得心浮氣躁又沒有耐性，就有很高的機率是「情緒老化」了。

情緒智慧商數，會在四十幾歲迎向高峰後下滑

假如一個人開始變得心浮氣躁，不擅長控制情緒，就表示他的情緒智慧商數（EQ）正在下降。

EQ是無法用IQ檢測的新型智慧，由美國耶魯大學（Yale University）心理學院的彼得・沙洛維（Peter Salovey）教授，與新罕布夏大學（University of New hampshire）心理學院的約翰・梅耶教授（John Mayer）所提倡。原本的英文是「Emotional Intelligence」，但自從《時代》（*TIME*）雜誌介紹與IQ相對的EQ後，就這樣稱呼了。

提倡EQ概念的兩位教授，將其要素定義如下：

1 了解自己的情緒。
2 能控制自己的情緒。
3 自我激勵。
4 理解他人的情緒。
5 妥善處理人際關係。

即使是一般所謂頭腦好的人，要是ＥＱ一低，別人也會認為他冷酷無情。周圍的人不愉快，當事人也絕不會幸福。各位是否想到身邊符合的例子了？

以往的ＩＱ，是將人類的智力活動化為數值，排除關於情緒的部分。但在現實當中，所有的喜怒哀樂、驚訝、恐懼、厭惡及其他情緒，會大幅影響智力活動和行為。於是學者專家就提倡，妥善管理情緒的本領也是智力的一種，是重要的能力。

ＥＱ中也包含累積人生經驗和成長的要素，並在四十幾歲時迎向高峰。這也是耶魯大學與新罕布夏大學的研究揭露的真相。

本書序章也提到，ＩＱ就算到了高齡，也意外的不會下降。其中可分為語文智商和操作智商，即使詳細調查，各項能力也保持得比想像中還要好。另一方面，ＥＱ會在四十幾歲時升到最高峰，但若之後置之不理，就會衰退。

世界級暢銷書《ＥＱ》的作者、心理學家兼商務顧問丹尼爾・高曼（Daniel Goleman）博士，曾指出在商場上成功的祕訣便在於ＥＱ。他也在日本推出許多著作，相信應該有很多人看過。

他也表示：「在四十幾歲之前，ＥＱ會持續上升，但若之後置之不理，就會下降。」將來當上副經理、經理，步步高升之後，ＥＱ將越顯重要，但為什麼會在四十幾歲以後下滑？

2 哪些職業最容易老化？

若在四十幾歲之後置之不理，EQ就會下降，理由有兩個。

第一個理由已再三重申過，過了四十幾歲，額葉功能逐漸衰退，控制情緒的能力會跟著降低。

年輕時額葉會充分發揮作用，這其實有助於控制情緒。這裡雖然提到年輕的時候，但不包含情緒不穩定的青春期。一旦成為社會人士，即使遭到主管斥責，或是有時得接受不合理的命令，心中即便憤恨不平，也能克制情緒。這不只是地位和立場在別人之下的背景因素，還有生理學上的理由。

第二個理由在於亞洲社會重視長幼有序，往往年紀越長，地位越崇高，也就越容許放任情緒、心浮氣躁。四十幾歲以後EQ會降低，其實更該記得控制自己的情緒。然而，他們別說是控制，還仗著周圍的人允許而恣意妄為，於是很多人的EQ就降得更低了。

相信在各位耳聞目睹的範圍內，一定遇過動輒大罵部屬的主管，或是不容許別人提出異議、諫言的專制總裁。這種狀態就宛如「國王的新衣」，絕對會在工作時造成不良影響，而且還會加速情緒老化，需要嚴加警惕。

另外，四十幾歲以後非但不擅長控制情緒，前面列舉的EQ構成要素「3自我激勵」的能力也常會下降。到了四十多歲後半，也會在某種程度上看出自己在公司的未來，「無論如何都想出人頭地」的心態更會衰退。就算出人頭地的欲望不大，只要對工作的熱情不衰退就好，但應該也有不少人覺得習以為常或千篇一律。

既然幹勁容易隨著額葉功能低落而衰退，再加上公司裡出現前述的狀況，所以也必須相當小心。或許有人認為，可以把工作或公司職涯中喪失的幹勁活用在興趣上，不過現實社會中幾乎沒有人會像《釣魚迷日記》的阿濱一樣對工作意興闌珊，卻十分熱中於興趣。正因為現實中沒有這種人，才會畫成漫畫。實際上，絕大多數案例都是在對工作喪失熱忱或幹勁的同時，也對整個人生興致缺缺。

四十幾歲以後，也必須注意控制情緒和幹勁低落的問題，讓自己懷著熱情，找出能衷心致力於工作的方法和喜愛的興趣。

哪些職業情緒易老化？官僚和教授。為什麼？

自從丹尼爾・高曼博士的著作暢銷以來，EQ 就應用在各種地方，從員工研習到心理測驗都有。提升ＥＱ似乎已成為上班族的常識，但就算不刻意鍛鍊，也會在企業內部磨練的過程中，成長到某種程度。不過，這是身為一般民眾的情況，換作是官僚的話，就不適用了。

一般來說，世人對東大畢業生的評價普遍很差，常說他們傲慢或自以為是。換句話說，就是給人ＥＱ很低的印象。但只要在民間企業，ＥＱ自然就會提升。要是ＥＱ成長得沒那麼高，就會惹人厭，即使是東大畢業，也不太可能一帆風順，別人也會批評：「那個人是東大出來的，卻沒出息。」

但若進入政府機關，隨著年資累積就可以出人頭地，而且周圍民間企業的人會來巴結，有些東大畢業生便會認為接受奉承是理所當然。

我的同學裡，那種會等著別人幫自己斟酒的人，一定都是做了官的。明星學府灘高中的同學會上，當上官僚的人絕對不會親自斟酒。不過，想出來選舉的人就另當別論了果然是環境造就人。所以並不是出身東大的人不好，而是無須向人低頭、也能出人頭地的官僚體制不好。

在EQ不會成長的環境中，很少有機會得嘗試控制情緒、有所長進。動用情緒或觸動情緒的時候也少，便老化得快。就算身為官僚、治理民眾，但在退休後，很可能會像打開玉匣的浦島太郎一樣，突然變得蒼老。

如上述提到的，有的職業容易讓情緒老化，大學教授也一樣。假如在四、五十多歲當上教授，身分地位就會獲得保障，直到退休為止。這樣一來，就沒有那麼多人想追求更高的目標了。日本大學未陸續出現國際級學者，想必也有這方面的原因。

即使如此，如果二流大學的教授努力提升學術業績，說不定也能被延攬到東大和其他排名更高的大學。這樣一想，或許可以說其實東大教授最容易變笨。因為在日本，東大的地位最高，所以少有教授野心勃勃的從事研究。東大教授的榮耀太大，獲得這個頭銜的瞬間就滿足了一切。以雙六的遊戲規則來說，就是棋子已經抵達終點獲勝，再也沒有前進的空間。

不只是東大，許多醫學院的教授也是如此。他們獲得龐大的權力後就停止成長，變得庸庸碌碌。所以日本醫大前醫學院院長屆齡退休後，前往缺乏醫師的村落任職的消息，才會登上報紙。原本有一百名部屬的大學教授並未失去抱負，前往無醫村任職的情況不多見，所以才會成為新聞。

放眼國外，為數眾多的學者會頂著教授的頭銜，衡量要怎麼將所學應用在商務上。電腦科學和生化領域中，也確實有好幾位教授創業；即使在企業管理學和經濟學領域，也有許多人頂著教授的頭銜寫書。更有為數不少的人對政治發揮影響力，擁有強烈的上進心和野心。

也有學者身為文化批評家，名聲隨著年齡水漲船高。比如約翰・高伯瑞（John Kenneth Galbraith），雖是哈佛大學（Harvard University）教授，亦曾擔任美國經濟學會（American Economic Association）主席、甘迺迪（John Fitzgerald Kennedy）任內駐印度大使等職務；又如彼得‧杜拉克（Peter Drucker），九十歲之後仍以大學教授的身分大展長才。

日本還有許多年輕的學者，因厭倦年資掛帥的體系而前往國外，或許今後可以期待這些學者的表現。

前面看了官僚和大學教授的情況，但還有其他情緒容易老化的職業。學校老師和其他自年輕時就習慣被稱為「老師」的人，提升EQ的經驗不多，需要小心。一般的公務員也一樣，每天的生活往往缺乏來自外界的刺激，既沒有變化，也沒有機會試圖自動自發做些什麼。

假如別人這樣說自己，還會反駁「才不是這樣」，倒還可以放心。但若覺得以上內容有道理，就要記得從今天開始預防情緒老化。

3 屢屢重提往事

屢次重提往事，是大眾對老人的共通印象。即使到了中高齡，也常有人總是在聊往事，這也是「老化」的現象。

不少中年上班族常會談到這樣的話題，像是「以前我企劃那個商品的時候，直接找總裁談判，獲得同意」，或是「以前在雪中到處跑業務，獲得零售店的信賴」。

不過，這種人沒辦法展望未來，不會思考「以前這樣順利走過來，接下來我想要這樣發展」。換句話說，就是只專注過去，無法論及未來。

仰仗過去的榮耀，反過來說就是對現狀不滿意。假如滿足於自身的現狀，周圍的人也佩服自己，任誰都不會提起當年勇。正因為不滿意現在、心浮氣躁之下，就說自己才不是這樣，把吹噓當成對自己和周遭示威的行為。

這種人往往沒有察覺到，自己正心浮氣躁或在吹噓，無法做到EQ構成要件的「1了解自己的情緒」。還以為吹噓是提供寶貴的建議，部屬聽了應該也會開心，真是糟糕。

談往事反而需要失敗案例。像是當時在什麼狀況下失敗，原因是什麼，對年輕一輩來說非常值得參考。如果主管能普及和活用這一點的話，就會受到部屬尊敬。專注過去的相反是「專注未來」，也就是希望明天比今天更好。

以失敗學來說，能從失敗中學習，就是專注未來的人。為了避免重蹈覆轍，要記得主動從失敗中吸取教訓，但現實狀況卻是許多人無法忘卻失敗，耿耿於懷，總是執著於此，還當成忌諱、避而不談。

總在不知不覺間吹噓的人務必要小心。不過，在此先補充一點，以免造成誤解，談往事並非全是壞事。有一種高齡者專用的心理療法，就名為「懷舊療法」（reminiscence Therapy），患者要和心理師一起細細回顧一路走來的人生。最後，經常否定自己的年長者，將會重新發現人生的價值，懂得肯定自我，甚至連出現失智症狀的老人都有所改善。

不過，懷舊療法的目的也在於現在和未來。回想過去是為了改善現在的心境和情緒，影響未來，而不是沉浸在過去之中。

從這層意義上來說，懷念過去是為了影響現在和未來。

4 需要「被崇拜」

最新的精神分析理論指出，人類的基本欲求是「滿足自戀」，其重點也不是自我滿足，而是藉由他人來獲得滿足。

總而言之，想要提起幹勁，就需要有人誇獎、注意以及支持自己。

假如配偶愛著自己，十分了解自己，是最理想的情況。假如孩子也尊敬自己，覺得「爸爸什麼都知道，好厲害」，想必也會湧現活力。

但在即將邁入中高齡之際，夫妻或許也會喪失對彼此的關心，不再期待對方。孩子也常會因為長大成人，覺得父母很煩。

男性如果只顧著工作，說不定太太和孩子便會疏遠自己，看不起自己；要是連公司的部屬都有點輕視自己，就無法滿足自戀。於是男性就會心浮氣躁，為了滿足自戀而不自覺的吹噓，使得周遭人更看輕自己，陷入惡性循環。

在社會上，年紀越大，就越難滿足自戀。以前在年資掛帥下登上高位，現在公司卻引進成果主義的概念，底下的部屬也會給自己壓力，反而形成老人礙事的文化。

所以，要是無法從家庭和職場中滿足自戀，就必須放寬心胸，自行尋找能恢復自信的場所，從這層意義上而言，前往俱樂部或夜總會也不失為一個辦法，且未必要以性事為目的。但也有人認為「付錢讓人奉承自己，感覺很空虛，不喜歡這樣」，所以這個處方箋也不適用於所有人。

要滿足自戀，先為他人著想

將自己辦得到和擅長的事情傳授他人，也能有效的滿足自戀。對方可以是小孩，也可以是老實的部屬。

不妨趁著孩子唸小學和國中時，看看他們的學習狀況和家庭作業。假如能幫孩子搞懂艱澀的問題，自己會覺得爽快，也可以獲得孩子的尊敬。

不過，教自己的小孩讀書時往往容易心浮氣躁，抱怨「為什麼連這點小事都不會，你是笨蛋嗎」，所以需要更忍耐。要是做不到，別說受孩子尊敬，孩子甚至會越來越疏遠自己，最後只會造成反效果。

另外，還要特意將公司裡邀約喝酒的對象，從女員工換成男員工。就從找看起來老實的年輕人，跟他們去喝酒開始做起。現在的年輕員工不喜歡主管邀他們喝酒，這個說法已經成了定論，但我認為不盡然如此。

主管邀部屬喝酒之所以會惹人厭，是因為帶他們去難喝的廉價居酒屋，讓他們聽主管吹噓個沒完沒了，最後再來個半吊子的請客，說什麼一個人收三千日圓，你只要付兩千日圓就好，主管還因為請客而露出得意洋洋的表情。

只要主管邀人喝酒的動機，不是出於自以為是的態度，而是真的覺得「今後部屬先知道比較好，透露一些高級一點的店家」、「帶部屬去他沒去過、便宜又美味的居酒屋」，秉持傾聽對方說話的態度，一定會受到歡迎。

掌握這些基本原則後，即便主管稍微吹噓一下，部屬也會接受，而且主管還能藉由磋商和傳授工作技巧滿足自戀。就算傳授的不是工作技巧也無妨，還可以透過麻將、高爾夫球及其他「課外活動」贏得尊敬。

滿足自戀後，就不再會心浮氣躁和隨便動怒，也會萌生新動機，想將部屬培育得更優秀，幹勁也會因此湧現。最後，自己在公司內部的評價也會改變。

明明到了某個年紀，部屬和後進卻一點都不敬佩自己，這對於管理職來說也很難堪。別人也會認為自己無法掌握部屬，使得評價下滑。其實只要邀人喝酒時多點體貼，就可以將惡性循環轉換成良性循環。

另外，能滿足自戀的場所越多越好。除了自己的公司之外，要是在社會上打壞了名聲，就真的只能去俱樂部或夜總會了，這種人出乎意料的多。

如果交際範圍不廣，一旦沒能滿足自戀，極可能會突然消沉。有些一心工作、認真踏實的人，在被公司降調後，一轉眼間就得了憂鬱症。為了避免事態演變成這樣，就要在公司之外找到被需要的場所。

例如，在家長會之類的場合，要是有男性加入，隨即就會受到信賴。既會獲得青睞、成為商量的對象，也會成為不可或缺的人才，讓人覺得「交涉時果然非〇〇先生不可」。而且年齡和妻子相仿的太太們拜託自己幫忙，更會覺得開心，這就是男人的天性。

住宅社區或大廈的管理委員會也是一樣，許多人會精神百倍的投身活動。

能在這樣的職位上努力固然責任心強，但也有很大一部分，是藉由受到仰賴和感謝來滿足自戀。

Point

・即使是男性，也要主動擔任家長會或地方團體的幹部。

5 遇到變化就慌張

如果將公司和其他工作場所當作觀察人的地方，也會非常有趣。其中有各式各樣的人，有些足以成為榜樣，有些充滿人情味、討人喜歡，也有些即便不想一起工作、卻讓人看不膩，有些則是反面教材。

有的人遇到些微小事，就馬上大吵大鬧；但有的人就算遇到一點麻煩，也不慌張、不吵鬧，能淡然處理。像這樣擅於抑制情緒，內心平靜、悠然自得的人，乍看之下也顯得老成。但其實他們ＥＱ很高，情緒年齡不大。

事態出現變化時不慌不忙，就是內心圓融的證明。而這份圓融，正是額葉功能的最大重點。額葉年輕的人懂得輕鬆應變，也不會出現序章提到的情緒或自以為是的「固持」。做威斯康辛卡片分類測驗（請參照第四十八頁）時，當卡片順序改變，也可以馬上察覺和應對。

要預防情緒老化，關鍵在於保持額葉的靈活。預防的對策是「不要片面斷定」。換句話說，所謂的靈活，就是能否針對一件事提出數個替代方案。

假設要從東京到金澤出差，一般會搭上越新幹線前往越後湯澤，搭乘北越快車或經由信越線的特快列車；也可以藉由東海道新幹線前往米原，再換乘北陸本線。除此之外，還有從羽田搭飛機去小松機場的路線，或是搭乘高速公路客運。如果隔天是週末，也可以改變去程和回程的路線，在途中的城市觀光或品嚐美味的名產。

利用每年發售三次，很多人都在用的「青春十八車票」（按：是日本ＪＲ在春、夏、冬三季發行的周遊券，因為發售的期間剛好遇到學生放長假，所以有此稱呼）也不錯。

或許公司會指定最短和最便宜的路線，但若一味堅持一開始想到的行程，或是純粹依循公司內部固定在走的路線，也不調查和研究的話，就只會越來越死板。

越是上了年紀，就越會因為自己的人生經驗或成功經驗，而強化「基模」（schema，事情的固定模式和片面斷定）。光是想像「這也有可能」、「那好像也行」，而不片面堅持，便能充分保持額葉的靈活度。

Point

・出差時，養成中途繞到別處的習慣。

6 當事情不如己意

總的來說，男性比女性更容易過度自信，基模僵化。有些人就算年輕，想法也很死板。事事認真、嚴謹耿直的人，一旦到了中高齡，就會覺得日常生活的一切毫無變化，像呼吸一樣自然。

就像黑澤明導演的電影《生之慾》中，志村喬所飾演、在市公所工作的主角一樣，從不質疑、持續過著平凡安穩的生活的，往往是男性。

還有些人的生活數十年如一日，通勤路線固定，搭電車的時間和搭乘的班次也固定。雖說像時鐘一樣規律也很了不起，但為了保持額葉年輕，還是要記得為生活增添變化。

人們常說，偶爾要早一站下車步行，也可以改變時段，或走不同的路線回家。假日加班的日子，乾脆騎自行車去公司，光是這樣就會為腦部帶來刺激。

女性不可能依照固定的步調生活好幾年。她們忙著在下班後和朋友相約逛街、看電影，或與情人約會。結婚之後，生活會劇烈改變，但穩定下來後，就會對一成不變的每一天感到困惑。

基模不僵化的生活，想必連思考都十分有彈性。

我有位朋友曾說過這樣的故事。以前他去曾交往的女性家中，晚上吃她親手做的菜時，突然間燈泡熄了。當時房間一片黑暗，朋友焦躁的大吼「怎麼搞的」，對方卻緊接著說：「這不是正好嗎？可以趁機用以前買的蠟燭。今天真幸運，能夠吃頓燭光晚餐。」

「啊，當時我覺得她說得真好，於是又重新愛上她了。」雖然他說這話是在秀恩愛，但能像這樣轉換想法，就是思考靈活、EQ又高的證明。

如果一遇到偶發事件就心浮氣躁，一旦情勢發展超乎想像，就無法保持平靜。要是事情不如自己的預期，馬上就焦躁不安。如果是獨力完成工作，這份焦躁不安還不會波及周遭人，但要是有對象在或是與團隊工作，就無法順利進行。地位越高，越需要能力應對偶發事件，假如應對不了，也就沒有出人頭地的希望了。

當事情不如己意時，希望各位可以養成習慣，先暫且深呼吸，再冷靜判斷狀況。

Point

・常替生活增添變化和點綴，像是改變通勤路線等。

7 家庭菜園的妙用

我的朋友當中，也有好幾位上班族，他們的興趣是開闢「家庭菜園」。只要聽他們說話，就相當清楚家庭菜園最適合預防情緒老化。

首先要在太陽底下玩泥土，光是這樣就讓人舒暢到無可挑剔。雖然孩提時常玩得一身泥，但在都市裡當了上班族後，就幾乎沒有這樣的機會。光是接觸泥土，就能讓內心平靜，悠然自得。

另外，哪怕家庭菜園只是個小小的區塊，自己也能成為管理人，體驗經營的樂趣。思考今年春季要種什麼蔬菜，要種多少數量，什麼時候種，再畫出田地配置圖，光是這樣就會讓人歡欣雀躍，也必定會刺激創造力，讓情緒更鮮活。

再者，就如「農民每年皆新手」這句俗話一樣，無論做到什麼程度都不會完美，還可以更好。每一年、每一天的天氣不同，泥土的狀況不同，買來的幼苗收成也不同。有時能順利結出作物，有時卻一敗塗地。家庭菜園的工作以時時變化的大自然為對象，不能墨守成規。不過就因為無法依循常規，所以無論失敗也好，成功也好，都可以常常體會到新鮮的樂趣。

最後再說一句，家庭菜園和頭銜沒有關係。大企業的重要人物也好，小公司的員工也罷，種菜時同樣都是一介農民，沒有上下關係。雖然也有人會和別人比較菜園收穫的情況，搞得情緒低落，但無論是什麼樣的興趣，鐵則都是不要和別人比較、不要頂著頭銜來往。

家庭菜園重要的是「獨力經營」。要是和太太一起栽種，往往會為了栽種的作物種類或收穫的時期吵架。自己一個人拋開頭銜，悠閒的與泥土和大自然相處，再和家人、熟人和朋友分享收穫的農作物，更能增加喜悅。

能夠享受家庭菜園的人，可說是達到一石四鳥、五鳥的效果。嫌租借家庭菜園麻煩的人，或許也可以從陽臺菜園開始起步。

Point

・種植一年生植物的家庭菜園，最適合預防情緒老化。

8 女性比男性長壽的理由

女性比男性長壽的理由，可以列舉好幾種說法。

例如，女性荷爾蒙的作用有「減少壞膽固醇，增加好膽固醇」、「促進鈉的排泄，降低血壓」，所以有一派認為原因在於荷爾蒙。

或是女性的基礎代謝較低，細胞較為長壽。維持生命所需的基礎代謝越少，往往壽命就越長，大象比老鼠活得久的原因就在於此。另外也有人認為，男性的交感神經占優勢，容易承受壓力，所以免疫力的強度會不同。

無論從平均壽命或各種資料來看，女性在生物學上的確比男性強，這不僅限於日本人，而是世界的趨勢。此外，大多數女性也善於享受人生。懂得好好享受生活，情緒就難以老化，所以自然就能長壽了。

男性肌肉較有力，爆發力優異，但以生物來說很脆弱，加上情緒容易老化，也有人就像是等著屆齡退休似的因病倒下。情緒老化成了契機，導致身體一口氣衰老，關於這段過程，就如前面屢次提到的。

從這層意義上來看，以前的有錢人公然妻妾成群，或許也可以看作是預防情緒老化的方法之一。雖然以前的女人不樂於讓男人擁有妾室，但因為當時社會的默認和公認，丈夫也得以因此維持情緒年輕。那時社會大眾當然不會使用自戀之類的心理學術語，但從經驗可知，滿足自戀後，就會湧出幹勁和積極性，返老還童。

就享受人生這件事來說，社交能力的高低也有很大的差異。與同性間的社交能力高低來說，男性也遠遠不及女性。

年輕時，女性也會隨興的與同性朋友出國旅遊；中年以後，不須再照顧孩子，無論丈夫在或不在，都會跟要好的朋友一起去旅行。如果是一群男性去旅行的話，幾乎都是打高爾夫球，通常不會去觀光或吃美食。假如是前往東南亞，還會遭人懷疑，會不會是惡名昭彰的買春團。

從平均壽命與夫妻的年齡差距來看，很多女性即使在丈夫過世後，也能一個人朝氣蓬勃的生活二十年、三十年。妻子先過世的丈夫往往意志消沉，相形之下，丈夫先過世的妻子則通常很有朝氣。這也是因為女性的社交能力高超，擁有如同安全網般的朋友關係，即使遇到配偶過世等痛苦狀況，也能迅速打起精神，情緒不會突然消沉。

女性不太會像男性一樣，受到社會地位和相關的莫名自尊心所阻礙，容易建立平等的人際關係。總體來說，女性善於建立公司以外的人脈，這一點男性應該多多效法。

不過，四十幾歲的職業婦女越來越多，情緒可能會和男性一樣逐漸老化，最好要多留意。雖然就平均來說，女性的確比較有精神，但事實上，女性憂鬱的情況也和男性一樣正逐漸增加。

這並非「男性脆弱，女性堅強」的二元論，而是要謹記人會因為個人的性格和所處的狀況，而變得有精神或陷入低潮。不用說，夫妻和家人之間的互相關懷也十分重要。

大哥和大姐頭，帶人方式大不同

無論是私底下或是工作關係，男性擴展人際關係的時期，與戀愛和性等男女關係活躍的時期重疊。

另一方面，有些女性即使不再處於戀愛的年齡，也受到年輕一輩的憧憬，不分同性和異性。例如銀座著名的特色——媽媽桑，就會替各式各樣的人相互介紹，建立門路，以女老闆的立場受人景仰。

換句話說，就是類似教母的角色。男人透過女人認識傑出人士的機會意外的多。男老闆（教父）幫忙引介時，幾乎都伴隨利害關係，但教母則不要求直接的回報。她們的動機往往是疼愛年輕人，純粹喜歡替人穿針引線，而不是金錢的利益。換作教父就不可能了。

雖然女老闆這個詞有些語病，但有一群女性，在社會地位高的丈夫過世後走入社會，大顯身手。日本前首相佐藤榮作的妻子寬子女士，即使成了未亡人，也積極出現在媒體上，蔚為話題；前首相三木武夫的妻子睦子女士，則繼承丈夫的遺志，呼籲政治倫理，向政界提出建言。

就如小說家遠藤周作的妻子順子女士，或是小說家司馬遼太郎的妻子綠女士一樣，雖然在丈夫活躍時不會在檯面上現身，但丈夫過世後，往往會繼承丈夫的活動。小說家開高健的妻子、同時也是詩人的牧羊子女士也是如此。

她們並非事事都只仰賴丈夫崇高的社會地位，試圖在這樣的處境中稱霸。另外，這也不涉及直接的特權。比起這個，她們更大的動機在於繼承丈夫的遺志而投入活動，或是接觸因為景仰而聚集的人，藉此滿足自戀。

雖然聚集過來的人也各有盤算，認為「只要受她喜歡，就會幫忙介紹給各式各樣的人，機會就會擴大」，這種關係對於雙方來說優點很多。

不用說，這種教母的ＥＱ當然很高。

9 熟年離婚激增

可以說，到了退休年齡前後，離婚的夫妻激增。這十年來，同居二十五年以上的中高齡離婚夫婦，就增加到兩倍以上，而且幾乎都是由妻子主動提出離婚。

屆齡退休後，越來越多的妻子，受不了永遠要和丈夫一起待在家裡。假如試圖出門，無事可做的丈夫就會跟過來，感覺就像「溼落葉」一樣揮之不去。丈夫在大半的人生中，除了工作，什麼事都沒做過，既沒有好好發展興趣，也沒有文化素養。儘管如此，老公卻還是像工作時一樣，連家事都丟給別人做，妻子當然會爆發不滿。

而且年輕時有小孩，兩人會為了小孩的考試成績忽喜忽憂，也可以聊學校發表會上扮演的舞臺劇角色，或是其他各種話題。孩子似乎學壞時，夫妻會認真煩惱，也會互相商量，或許還曾因為孩子的出路而意見對立。不過，等孩子長大離家後，又有多少夫妻還擁有共通的話題？

到了中高齡後，新出現的話題就是「照顧父母」，妻子卻被迫單方面照顧公公和婆婆，以至於心中的不滿根深柢固。這就不是共通的話題了，而是利益的衝突。

興趣也好，話題也好，要是夫妻沒找到共通的樂趣，就會陷入不幸，但我不認為這是少數。

之前，日劇《熟年離婚》蔚為熱門話題，由渡哲也和松坂慶子飾演夫婦。劇中，丈夫在退休那一天，擅自要求妻子往後一起去上英文會話課，故事就此展開。

故事始於兩人的衝突。丈夫說：「我們一起學習英文會話，出國去玩吧！」結果這番話卻惹得妻子發火：「我就是討厭你擅自做決定。」只有丈夫覺得總算擁有兩人時光，妻子思考的卻是完全不同的事。寫實的劇情與現實發生的狀況重疊，收視率也飆升。

已經明白該享受人生的妻子，與情緒老化、心浮氣躁的丈夫，這樣的伴侶會發展到離婚，或許只是冰山的一角。其實有很多案例，是雙方在家庭中維持類似分居的關係，檯面下依然不睦。

不要對彼此期望過高，好處反而更多

依我之見，有兩種模式的夫妻，能順利走下去。

其中一種是戀母情結型的，妻子扮演母親的角色，丈夫扮演小孩，以類似親子的關係安頓下來。即使丈夫死皮賴臉依靠妻子，妻子也不會在意，反而完全變成母親照顧他。要是雙方覺得這樣很愉快，就可以順利走下去。在日本，這種情況比過去還要多，但如果妻子開始認為「我可不是你老媽」，就出局了。

另一種關係，則是妻子一直尊敬丈夫。就像電影導演和女演員的配對一樣，無論是過氣還是想要引退，妻子都迷戀丈夫的知性和才華。或是丈夫以學者的身分專心研究，妻子則一直支持和尊敬他。

但如果是這種情況，條件是丈夫得要在退休年齡後，也能對妻子有主導權，而不是變成「溼落葉」。因此，丈夫必須一輩子持續努力用功，不讓情緒老化。

「最近的書好無聊啊。算了，這樣應該沒辦法順利拍成電影吧。」就算是過氣的電影導演，只要閱讀大量書籍，展現對未來的熱情，或是說「要不要去一下義大利呢」，讓妻子持續笑嘻嘻的點頭同意，也可望擁有良好的夫妻關係。

不過，這種夫妻關係必定是少數。就算年紀較小的妻子在結婚當初，依賴或尊敬年長的丈夫，但隨著歲月累積，兩者的力量關係通常會達到均衡。

這種情況下，讓夫妻保持良好關係的祕訣，就是不要過度期待彼此。像是試圖改變對方，或是讓對方更值得尊敬，當然都是百害而無一利。但也別急切的想要擁有共同的興趣，像是「接下來我們夫妻就每年出國旅行一次吧」，或是「夫妻就依照餐廳指南《查氏餐館調查》（*Zagat Survey*）的排序，由上而下每星期去一次吧」，有這種想法固然好，但前提也要兩個人都熱愛旅行，或是覺得吃美食比什麼都幸福。

問題在於，只有其中一人單方面期待，而另一人只是陪同的情況。「旅行還要準備行李，好麻煩，不想去」、「我正在減肥，不能吃」，這樣的例子出乎意料的多。

最近在中高齡人士之中，搭乘飛鳥號等豪華郵輪環遊世界蔚為熱潮，不過搭船旅行會讓以往不常共處的夫妻，整趟旅程都得一起共度時光，所以因此離婚的案例其實也很多。

多方嘗試、找出兩人都喜歡的嗜好，的確很幸福，但也不要因為找不到而勉強對方或灰心喪氣。要是以為一定可以找到夫妻都能共享的樂趣，可就糟了，這樣反而會讓人心浮氣躁或心懷不滿。

到了中高齡後，妻子通常會建立自己的社群。但丈夫則以公司為社群，所以退休後就要思考自己該怎麼辦。這時不應過度依賴妻子，自行安排自己的社群，會比較安全。

換言之，當丈夫說：「我長期在公司上班，沒有好好待在家，辛苦妳了。將來妳去旅行也好，參加午餐會也好，我都會跟妳一起去。」，我想沒有一個妻子會開心接受丈夫的邀請。最後妻子反而會嫌麻煩，叫丈夫「不要跟來」。

祕訣在於，先做好心理建設，如果彼此能擁有共同的興趣和人際圈，是一種幸運；如果沒有，也很正常。

Point

・夫妻不必勉強找出共同的興趣。

10 寧可憤怒，不能沒有情緒

就如前面屢次重申的，有的人早在四十幾歲起，腦部功能就衰退，特別是額葉。EQ降低，控制情緒的能力也不如以往，還常常發脾氣。與年輕時相比，如果一下子就心浮氣躁的次數越來越多，就是情緒老化的警報，事先了解這一點十分重要。明白自己的情緒老化之後，焦躁時就可以提醒自己「等一下」，喘口氣、調整心情。

然而，憤怒並非全然是壞事。

這和無緣無故就焦躁不安，或是無法抑止的怒火不同，有理由的發怒是健康的情緒之一。對於誇張的政治提出異議，或是因為主管和同事做反社會的事情，感到生氣而向內部告發等，憤怒會化為能量，產生建設性的建議，不平和不滿有時也會成為商業上的啟發。

我最近生氣的事情是道路沒有左轉車道。在擁塞的十字路口，原本認為綠燈後就可以直線行進，卻有汽車試圖左轉（按：日本的道路是靠左行駛），行人也等著要穿過行人穿越道，於是就在等待的過程中又變成紅燈。換作是美國等國，幾乎所有的道路都有右轉車道、可以時時右轉（以日本來說就是可以左轉），不必遇線就停。

日本行人之多，是美國不能相比的，要是不用紅燈讓行人停下來，車道上沒有出現左轉燈號，汽車就只有行人號誌燈變紅後的一小段時間可以動。另外，很多汽車急著左轉，行人也會有危險。這樣的十字路口到處都是，政府卻一直拿不出有效的對策，到底是怎麼搞的，我氣的就是這一點。

這麼一想，或許就能在某些契機下，提出關於道路行政的改善建議，也可能用來當作電視節目的題材。以憤怒為誘因找出問題和解決方案，與突然發火、無視燈號，或是在左轉後氣得踩油門、不幸撞到別人比起來，兩者截然不同。

擁有憤怒的情緒，與遭到憤怒的情緒操弄大不相同。與其說行動流於激情是年輕，不如說這反倒是不成熟的腦，或是老化後功能低落的腦。

有的主管突然發火、怒斥部屬時，不知道自己正在生氣。換句話說，明明任誰來看都是在失去理智的怒吼，主管卻會脫口說出：「我這不是突然發脾氣，是為了你的將來著想才罵你的。」

擁有情緒理所當然，並非壞事。人一旦沒有情緒，就沒有動力推展事情。不過，就如ＥＱ的定義一樣，我們必須了解自己的心情。

關鍵在於如何表達情緒，怎麼用在人際關係上，而不是避免突然發火。

Point

・生氣時，思考「怎樣才能解決氣憤的原因」。

11 長壽飲食是迷信

有些人會勸告別人「中年之後別吃肉，就不會再心浮氣躁」，這其實沒什麼根據。就如前面所言，當心浮氣躁或鬱悶至極、控制情緒的能力變差時，反而最好要吃肉。

出現情緒老化的徵兆時，極可能是腦內的神經傳導物質——血清素不足。血清素的原料是蛋白質所含的色胺酸，是胺基酸的一種，可以藉由食用肉類來補充。

「上了年紀就要粗茶淡飯」，這種觀念原本就是迷信。第二次世界大戰結束後，日本直到一九四七年，男女的平均壽命才都超過五十歲，在戰前是世界數一數二的短命國。至於為什麼短命，主要原因在於動物性蛋白質和脂肪不足。假如持續處在低蛋白、低脂肪的營養狀態中，就容易罹患傳染病。當時日本的衛生狀況惡劣，簡直是名符其實的致命，所以反而會勸人罹患結核病後，要吃營養價值高的東西。

的確，歐美也認為攝取過多肉類是短命的重要原因，而效法長壽日本的趨勢。不過，美國人一天攝取約一百四十公克的脂肪，相比之下日本人約攝取六十公克。肉類方面，美國一天攝取約三百公克，日本則是七十八公克。

另外，動物性蛋白占總蛋白的比例也一樣，美國人約為六五%，相形之下日本人則約為五〇%。但並非少就是好，比例遠低於此的亞洲諸國，壽命比日本還短。

說到肉類，或許有人會在意膽固醇。不過，有研究顯示，膽固醇反而會幫助預防老化。

例如，膽固醇就是雌激素（女性荷爾蒙）的原料。目前已知雌激素有益於預防骨質疏鬆症，也能預防阿茲海默症。女性比較長壽的理由之一就在於雌激素，停經後容易生病，也是因為雌激素減少。

原本膽固醇就扮演重要的角色。雖然世人總認為膽固醇惹人厭，但它原本是細胞膜的原料，一旦數量不足，細胞就無法順利再生，當然就會促進老化。

從年輕時膽固醇值就飆高，雖然也是問題，但到了高齡後就不必那麼擔心。東京都小金井市實施的七十歲老人生存率追蹤調查當中，膽固醇有點高（男性為每分升一百九十到兩百一十九毫克，女性為每分升兩百二十到兩百四十九毫克）的群體，生存曲線最好。低數值群體（男性為每分升一百六十九毫克以下，女性為每分升一百九十四毫克以下）的生存曲線，則比高數值群體還差。

換句話說，攝取過多肉類固然不好，但攝取過少也有問題。「素食主義才好」、「老人要吃魚」，類似這樣偏離既有的飲食生活，反而不妙。

Point

・心浮氣躁時就吃肉。

第 3 章

情緒消沉時這樣轉念

1 儀式感很重要

有的人在公司遇到厭煩的事，或是跟老婆吵架時，三十分鐘過後就可以毫不在乎。另一方面，也有人會黯然神傷，鑽牛角尖好幾天。

斥責部屬時也一樣，轉換情緒的速度因人而異。有的人憤怒一陣子後，會拍拍對方的肩頭說：「事情都發生了，也不能怎樣，想想該怎麼辦吧。」有的人暴怒之後，就一直氣憤不已，久久不能平復。

假如到了中高齡後還會消沉許久、發脾氣後就停不下來，極可能是情緒老化。就如序章說明的一樣，額葉功能一旦低落，轉換情緒的能力就會變差。即使有程度上的差異，也會發生某種固持的現象。

假如發現自己很難轉換心情，就要培養習慣，在行動之間插入別的事情，讓自己暫時重開機。它可以是自己專屬的儀式。

比如突然發火時，也可以沉默一到兩分鐘，爭取空檔讓自己冷靜，或是暫時去一下廁所。有支廣告的內容是演員從會議中溜出來，喝一罐罐裝咖啡，這樣也可以有效轉念。

平常就可先設定行動和行動之間要插入的儀式，便可藉此轉換心情。假如有人不知不覺拖延到公司裡的工作，即使回到了家，工作的事情也在腦海裡揮之不去，那麼就要事先找好當工作疲勞時，可以在回家路上順便去的咖啡廳或酒吧。要是覺得心情低落，就到必去的按摩店或健身房解悶，這也是有效的方法。

去吃美食也好，去夜總會也行，要記得插入切換的儀式，當你一直無法轉換心情時，就可以付諸實行。

即使如此，依舊無法順利轉換情緒的話，還有個更有效的方法，就是至少找一個無論抱怨也好，示弱也好，可以無話不談的人。密友、情人、配偶，假如有個人可以讓自己吐露所有心事，會非常令人振奮。當情緒低落或突然發火時，是否有人可以接納自己，會讓控制情緒的能力大為不同。

心裡想抱怨時，不要自己承擔，要記得找人傾吐。常去的酒吧媽媽桑也好，喝酒、聊天的朋友也好，任誰都可以，最好找個能無話不談的對象。

徒勞的以自立為目標，事事都想要自己解決，往往會陷入煩惱、覺得「自己無法獨立。真沒用」。與其這樣，不如該依賴時依賴，適時接受好意，最好以「成熟的依賴」為目標。

明明憤怒卻沒有任何人肯聽自己說話，就會遷怒最軟弱的人。

以大學醫學院來舉例，有個教授性子急躁，不擅長控制情緒，會怒罵或嘲弄醫務室的醫生。有時還會大罵「像你這樣的傢伙真沒用」、「你到底當了幾年醫生了」；至於承受怒火的醫務室醫生，則會隨便對患者擺架子或洩憤。鬱悶的情緒會朝最軟弱的地方發洩，結果形成這種糟糕至極的關係。

在陷入這種狀況之前，先確保至少有一個人可以與你互相抱怨。

Point

- 培養習慣，在行動之間插入轉念儀式，重振精神。
- 不斷抱怨。無論抱怨也好，示弱也好，要找個能無話不談的人。

2 反省要在得意時

每個人都有心情低落的時候，但更大的問題在於，要是有了負面、消極的想法，就會對控制情緒的能力造成不良影響。一旦變得消沉或輕微憂鬱，便開啟負面的惡性循環。情緒一低落，眼中所見的都是自己的缺點。

我們往往容易陷入這樣的思維，深深自省：

「我實在沒有業務能力。即便到了這把年紀，也不擅長跟初次見面的人說話。這星期還是一份合約都沒談成。」

「之前聯絡時出了差錯，惹客戶生氣。原本想要打電話道歉，下午的會議卻拖了很久，害我忘得一乾二淨。本來想要先做筆記，結果連筆記都忘了寫。感覺記憶力正逐漸衰退。」

「原本打算今天寫好報告，卻沒有完成，為什麼專注力這麼差？結果下班後還跑去喝酒解悶，真討厭自己意志那麼薄弱。」

一個人要是在情緒低落之下鑽牛角尖，就會越往壞處想。為什麼憂鬱會久久不散？原因就是只想得到悲觀的事。要是發生一件壞事，就只會看到壞的可能性，這稱為「認知遭到情緒支配」，意志消沉時只會思考悲觀的事，沒辦法想到樂觀的事或其他的可能。如此一來，就只會尋找符合壞可能性的證據，這也是憂鬱的典型症狀。

另外，情緒低落時，想法往往會侷限在過去。「那現在該怎麼辦？」雖然仔細思考現在或未來能改變的事是好事，但事到如今再怎麼回顧過去，也於事無補，只會讓自己更煩惱，不會產生任何效果。

「我為什麼沒當上經理」、「為什麼當初要辭掉那家公司的職位」、「為什麼另一半要離婚」，即使對過去的事情鑽牛角尖，也不會有好事發生。最後只能自嘲的想：「反正我這種人，什麼都做不好。」這是最糟的循環。

消沉時，想法一定既內向又悲觀，往往會對自己嚴苛到不必要的程度。所以不開心時絕對「不要反省」。狀況良好和得意洋洋的時候才需要自省，低落而陷入負面惡性循環時，則沒有反省的必要。

這就像是想要滅掉熊熊燃燒的烈火，結果反倒淋上汽油一樣，希望各位讀者銘記在心。

Point

・情緒不佳時，絕對不要反省。

3 多想已經做到的，而非做不到的

人意志消沉時，容易被茫然的不安折磨，最終陷入惡性循環，覺得「什麼事都沒做↓更厭惡自己↓再次消沉」。

關於不安，要注意的是被過度的不安所困後，會展開負面的惡性循環。正因為感受到難以形容的不安，才要把注意力轉向不安的對象以外的事物，像是解決眼前的工作，或是做能解悶的事，這就是針對焦慮症的指導法「森田療法」（關於森田療法，將在第五章詳細描述）。

所以，心情低落時，要做些能輕鬆完成的事情，無論是行政工作或家事都好。沒做過的、困難的事或不擅長的事，則延後處理。要像這樣再次肯定「自己做得到」、「沒問題」。

具體來說，像是收拾囤積的發票，或是問候對自己友善的老客戶，哪怕是小事也行，要做點能確實辦到的事。假日的話，除庭院的雜草或洗車也不錯，一個人靜靜的打掃家裡也很好。

當一天結束時，則要將焦點放在做到的事情，而不是一直去想沒做到的事。要認可自己，即使意志消沉的時候，也能做得這麼好。

Point

・情緒低落時，就做些擅長的，或是能輕鬆完成的事。

4 書寫，拉出一廂情願的牛角尖

認知療法，主要是試圖斷絕在情緒低落時，總是往負面想的「思考惡性循環」。陷入這種負面思維的契機，在心理學術語中稱為「自動化思考」（automatic thought）。要斷絕這個現象，有個好方法是「寫出」除此之外的其他可能性。

舉一個自動化思考的例子。例如，在意志消沉時覺得胃部不適，就一廂情願的認定這必然是癌症。一旦這樣認為，耳目所及就全是壞事。要是剛好家族中有癌症病史，心中的一廂情願就會變成幾乎篤定；若再打開《家庭醫學》這類書來看，更會懷疑「這個症狀，不就是正在惡化的癌症嗎」，越覺得自己的狀況符合重病的特徵。

為了擺脫自動化思考，就要寫出除此之外的其他可能性。假如查閱《家庭醫學》，將會發現同樣的自覺症狀還有胃潰瘍、神經性胃炎及胃弛緩症等。親手列出這些病名之後，就會明白自己的狀況也符合其他疾病的症狀，進而察覺到癌症的可能性並非百分之百。假如能夠思考癌症以外的可能，也就會冒出其它樂觀的想法，設想或許只是胃炎。這樣就可斬斷自動化思考的惡性循環，逐漸擺脫消沉。

試著寫出腦中思考的事情，寫成文章再閱讀，要達到「客觀思考」，這個方法極有效果。

無論是日記或什麼都好，關鍵在於「書寫」。書寫的內容不限於負面、一廂情願之外的可能性。假如討厭天天寫，不管怎樣都會心浮氣躁，也可以只在煩惱的時候書寫。

現在與過去不同，可以使用網路等許多工具抒發自己的心情。近年來，社群網路服務備受矚目，讓人們能擴展意氣相投的交友圈，使用者也正在激增當中。

這類網站的目的是擴展新的交友關係，由只限朋友閱覽的日記、登錄朋友用的通訊錄、留言板、月曆及其他結交夥伴的工具組成，與部落格不同。其特徵是成員以現實中的朋友關係為基礎，互相介紹友人給彼此認識，所以容易找到擁有共通興趣的同好。也可以找人商量煩惱的事情，讓人高度信賴。

朋友的朋友的朋友……只要借助六條熟人之間的聯繫，就可以連結到世界上的任何人。這是美國社會學家提倡的「六度分隔」（six degrees of separation）理論，社群網路服務則讓它更顯而易見。

日本知名的社群網路服務有「mixi」或「GREE」網站，只要吐露自己的心情，相信也會得到別人留言鼓勵。除了可以藉由書寫、客觀的審視之外，說不定還能找到無話不談的朋友。只要妥善利用，也有機會成為擺脫心情低落的最強工具。

Point

・透過社群網路服務寫日記能獲得客觀意見，也有益處。

5 小睡一下

身體疲勞，也是心浮氣躁和情緒消沉的一大主因。

過於疲倦的人容易憂鬱。比起因過勞搞壞身體，引發腦部和心臟等疾病而死亡的過勞死，還有更多人是因過勞而自殺。認真且責任感強的人，一旦一廂情願的認為「都已經工作到精疲力盡了，還是行不通，我真是沒用」，加上負面惡性循環，往往會走到自殺這一步。

即使不到尋死的程度，但疲勞和情緒確實息息相關。身體狀況、免疫功能與人類的情緒，大大的相互影響。相信各位常常聽到，強悍的人一罹患疾病後，就突然變得軟弱的案例。

無論是住院時對努力照顧、看護的護理師一見鍾情；或是染上感冒、臥病在床時，決定跟溫柔對待自己的女朋友（男朋友）結婚，這樣的故事多得數不清。

三、四十多歲、幹勁十足的工作，平時看起來絕不會想結婚的人，罹患感冒後卻突然感到不安和孤獨，於是下定決心走入婚姻。最近也聽說，許多職業婦女因為這樣而結婚。

換句話說，疲勞時心情也會低落，所以容易陷入負面惡性循環。控制情緒的能力變差，心浮氣躁，也同樣和疲勞息息相關。

這就表示，當心浮氣躁、煩悶易怒或疲勞時，刻意休息才是明智之舉。身體疲勞的話，光是休息一天，也多半會完全恢復。而且到了中高齡之後，腦部也確實在老化。就如肉體容易疲勞一樣，腦部也需要休息。

只要午睡二十分鐘，身心都會更舒暢。想睡時就午睡，不要忍耐，等狀況恢復後，工作和讀書的效率也會比較好。

我從以前就習慣午睡和傍晚時睡一下。午餐後和晚餐後會特別小睡二十至三十分鐘。飯後血液會聚集到胃部以供消化，讓人昏昏欲睡，因此與其硬要對抗睡意，不如老老實實小睡，既能在睡醒後提高效率，就算之前有些心浮氣躁，還可以將壞心情一掃而空。

即使在公司工作，午餐得速戰速決的話，建議可以先找個能午睡三十分鐘的一般咖啡店、公園或網咖。假如實在沒辦法午休，哪怕只是坐在椅子上打盹幾分鐘，便可消除腦部的疲勞。

Point

・心浮氣躁，就「小睡」一下。

6 老睡不著？因為腦過勞，身體卻不累

這裡提供一個度過假日的小祕訣。

現在許多人認為的疲勞和以前不同，當然這也依職業而異，不過比起揮汗過度使用肌肉的疲勞，一整天對著電腦，或是不斷開會和磋商，「啊，今天好累」，這樣的疲勞問題更多。雖說是活動身體，有時也是為了業務跑斷了腿，或是以忍耐通勤電車的擁擠居多。

由於通勤方便，以及電話、傳真機、電子郵件及其他通訊儀器的發達，單純的肉體疲勞應該比以前少，反倒是因為不常活動身體，使得肩膀酸痛、腰痛

之類的毛病激增。最近按摩連鎖店越開越多，就如實呈現了這一點，而且現在還有很多人陷入慢性睡眠不足。「肩膀酸痛、腰痛、睡眠障礙」也已經算是國民三大慢性病，總之現代人十分疲勞。

消除疲勞最好的方法，就是充足的睡眠。但很多人有睡眠障礙，難以入睡，或是睡了以後一下子就醒，醒來後就再也睡不著。

最近專治睡眠障礙的醫院也在增加，要是煩惱睡不著，最好還是前往醫院尋求協助。結果會發現，很多人是因為太胖等原因演變成睡眠呼吸中止症，也有不少人得以在病況嚴重之前，在早期接受治療。

不過，我認為輕微睡眠障礙的最大原因，是「腦和身體不平衡」。請各位回想一下精力充沛、玩耍嬉戲的孩提時期，暑假時是不是從早到晚玩得精疲力盡，夜裡便倒頭大睡？

但長大成人後，許多人一整天坐在電腦前面，身體完全沒有活動，只是不斷的用腦。腦在快要過熱前疲憊至極，眼睛也睏得睜不開，想要索性睡去，結果腦袋卻很清醒，無法入眠。相信任誰都有一、兩次這樣的經驗。

要有效消除這個問題，就要和動腦一樣活動身體，讓身體疲勞。選什麼運動都可以，輕微的健行也好，到游泳池游泳也好，做伸展操也好，關鍵在於從事自己喜歡、想做的活動。因為勉強做，也不會持久。

忙到撥不出時間上健身房的人，建議養成習慣、每天在生活中安排運動。像是每星期有幾次早一站下車步行回家，設定騎自行車通勤上班的日子，或是洗完澡後一定做伸展操。如果是主婦的話，也可以每隔一天，輪流徒步和騎自行車去購物。

就如日本小說家三島由紀夫所說，太宰治的煩惱可以在早起慢跑後治好一樣，活動身體的效用不容小覷（按：三島對太宰的批評，出自其著作《小說家的休日時光》：「太宰治性格上的缺陷，至少有半數應該都可以透過冷水擦澡、機械體操與規律作息而得到治癒。」與此處的內容略有出入）。腦部與身體容易不平衡的現代，要記得養成習慣，活動身體。

Point

・辦公室工作者更要活動身體。

7 憂鬱會排擠樂觀

以我身為醫師、替許多高齡者看診的經驗來說，越是上了年紀，就越不容易轉念。雖然一般人認為，年輕時容易越來越不安、怎麼都無法冷靜，但在閱歷豐富後，精神就會穩定下來，不再擔憂。其實這完全是一派胡言。

反倒是高齡者，一旦陷入惡性循環，對於疾病和死亡的不安就會越來越強烈，這也是額葉功能一變差就會發生的狀況。只要一旦老化，就容易猶豫不決、苦惱良久，難以擺脫。

經常有人提到，會因為老化而容易憂鬱，因此至少要延緩「情緒的老化」。就如前面所述，認知改變之後，就只會思考悲觀的事，想不到其他的可能性。

任誰都曾失戀過，一旦離婚，多少會認為「我再也交不到新的男（女）朋友了」、「我沒辦法再婚了」。又或者是因為人事異動，像是傳出裁員或降調的風聲時，精神上就被打垮，覺得自己再也回不去原職位，是自己沒用。

我們都覺得，上了年紀後，如果遇到這種壞事，會以豐富的經驗為後盾、克服困難，而不會陷入消沉，實際上卻多半相反。年輕時就算失戀或離婚，也會覺得還有下一個機會；被裁員或降調就罵聲可惡，再努力工作爭一口氣，有時候甚至可以換工作。

不過，一旦年紀漸長，額葉功能也會低落，情緒老化，於是就陷入消沉，覺得自己已經沒有任何可能了，越來越往壞處想。

就「找出其他可能性」的意義來說，這時如果有人願意聽自己說話，也有所助益。有個能傾聽抱怨和無話不談的人，還是很重要。

「我的周遭有好幾個人，因為離了婚而找到新伴侶，變得幸福」、「雖說是降調，卻能準時回家，就這麼辦如何」、「雖然換工作也不錯，但也有人用這種方法創業」，只要聽聽來自外界的客觀意見或意想不到的點子，就可以在陷入不良認知前打消念頭，能夠想開：「啊，是嗎，還有這樣的可能嗎？」痛苦應該就會減輕大半。

不過，要是憂鬱真的變本加厲，便完全聽不進別人的樂觀洞見。這時，別以為放著不管，過一陣子就會好轉。就如第一章所言，假如心情低落的狀態持續兩週，最好找醫生諮詢。

為什麼找醫生很重要？這是因為當人們真正陷入低落情緒時，不管朋友、妻子或任何人說什麼，當事人完全聽不進去。

憂鬱有藥可醫，服用後會稍微好轉，比較能聽得進別人說的話。也有不少案例是看診後未經治療，也往好的方向發展。

雖然身邊有朋友勸自己去看醫生是好事，但若一直受到鼓勵，有時反而會適得其反。當事人會陷入「明明想努力，卻不努力」的窘境，症狀也可能惡化。

Point

- 陷入低落情緒前，尋找適合自己的精神科醫生或心理諮商師。

第 4 章

保持記憶力不衰

1 不照單全收，才會牢記

偶然在街上遇到好久不見的熟人，明明記得對方的長相，卻想不起名字，因而沮喪的感嘆「記憶力變差」、「已經上了年紀了」。

「哎呀，好久不見。怎樣？過得還好嗎？」有時會在閒聊過程中想到對方的名字，有時就算和對方談話，卻還是沒能想起來，之後無意間又突然想到，想必各位都有類似的經驗吧。相信也有人會擔心，這是不是痴呆的徵兆，但這點小毛病還用不著憂慮。

另外，就算經常忘記眼鏡放在哪裡，或是想不起太太的出生年月日，這也是生理上的老化，而非痴呆。但若是不曉得眼鏡是做什麼用的，或是認不得眼前的太太是誰，那才是真的痴呆。

上了年紀後，記憶力之所以會衰退，是因為生理上腦萎縮的緣故，記住新事物的能力（銘記力）和保持不忘的記憶力下降了。

雖然掌管記憶的是海馬迴，但在它委縮之前，額葉就會先開始萎縮，這與記憶力變差息息相關。要是以為「情緒就是歡喜或悲傷，與記憶無關」，可就大錯特錯，情緒老化是記憶力低落的重大原因之一。

記憶力分為「語意記憶」（semantic memory）和「情節記憶」（episodic memory）。

語意記憶屬於背誦型記憶，指的是記住單字、年號或對向車的車牌，會隨著年齡增長而明顯衰退。只要看看嬰兒就會明白，嬰兒不可能了解父母說什麼，再以邏輯的方式記住，只是單純記住詞彙。也有說法指出，孩提時幾乎都可算是語意記憶，年輕時也適合死背，所以到了三十歲後，就無法憑藉單純的背誦能力贏過十幾歲的考生。

另外，現在有很多時候都需要設定密碼。就算為了安全，要中高齡者「別把密碼寫下來」，他們也記不住沒有意義的文字排列。儘管如此，建議還是得不時更換密碼才安全，或許進入高齡化的時代後，這會成為出人意料的瓶頸。

至於「情節記憶」則是包含體驗的記憶，例如「到那間酒吧喝了酒後，就被敲竹槓」、或是「去參加聯誼活動後，出現意想不到的醜女」，像這樣的記憶就很難遺忘。即使上了年紀，無法順利記住單字、年號或密碼，也記得住這些會讓情緒明顯反應的事件。換句話說，就算上了年紀，情節記憶也不會衰退。

不過，情節記憶的關鍵，在於體驗是否會觸動情感，成為記憶。換句話說，假如覺得這種體驗理所當然、不再有所感動，就不會化為「情節記憶」保存下來。

這是什麼意思？假如年輕時被敲竹槓，就會覺得「這家店真是豈有此理」、「活動辦得那麼差，還要收我三萬日圓嗎」，在怒火中燒之下就不再光顧。但在經濟寬裕或報公帳時，則會說「唉，這也沒辦法」，這樣既不會留下多麼深刻的記憶，還可能會再光顧同一家店。

或者在還是菜鳥上班族時，即使是虧了或賺了點錢，也會成為非常重大的情節。當未經世故時，就算在工作中受斥責或誇獎，都會一一記得。而在累積經驗後，臉皮也變厚了（無論是好是壞），即使多少會挨罵，也會覺得「那個經理又在說什麼鬼話」，不會化為事件情節。

就算上了年紀，情節記憶也不會衰退，但在情緒老化後，就不會再化為自己覺得重要的事件了。就像這樣，從語意記憶和情節記憶的層面來看，記憶力都會下降。

藉由「化為情節」，記住事情

就如一般所謂的古老的睿智或奶奶的智慧一樣，老人也會帶給人明智的形象。然而，就情緒和記憶的觀點來看，往往越是上了年紀，就越不會從體驗中有所學習。失敗經歷也好，成功經驗也好，一旦記不住，也就常會重蹈覆轍。

即使不是老人，到了中高齡也會發生這樣的問題。工作上犯下相同的失誤，就是沒有從經驗中學到教訓。換句話說，這就和再光顧同一家敲竹槓的店沒兩樣。重蹈覆轍還喋喋不休，自然得不到部屬的信賴。

既然問題在於如何銘記在心，就需要把事情化為重要情節，以便化為「情節記憶」保存下來，即便上了年紀也不會衰退。

例如，要是有了失敗的體驗，哪怕是些微出錯，也要想像成更誇張的事態，嚴重到足以讓人臉色發青，像是「雖然有幸受到幫助，但若這次失敗得更嚴重，搞不好還會被開除」，或是「最糟的情況，可能會帶給公司龐大的損失」，藉由類似的方式深深銘記在心。

駕駛汽車就是切身的情況。想要在十字路口右轉時（按：日本為右駕，靠左側行駛），假如只顧直行車，試圖趁著車流中斷的瞬間轉彎，就會冷不防差點撞上穿越的行人或自行車，這種時候要想「幸好沒撞到人，要是撞到就糟了」。反過來說，假如不藉由這種方式牢牢記住，「有驚無險」可能就會演變成真正的意外。

換句話說，就是要把小事變成令人害怕、憤怒和情緒激動的情節。假如遇到敲竹槓的店，不要隨便就接受，「畢竟是歌舞伎町嘛」，而是深切思考「一杯啤酒就要三萬日圓嗎」，這樣就會湧現憤怒和後悔，不會輕易忘掉。

中高齡者不但情緒變得遲鈍，對於事物的容忍範圍也會擴大，難以化為重要情節。要是沒意識到這一點，記憶力也會逐漸衰退。

不過，要實踐這個方法，前提在於了解自己的情緒。當心情低落、認知改變時就最好停下。否則不但會記得失敗，還會認為自己「果然沒用」，以至於越來越消沉，陷入惡性循環。從這層意義上來說，情緒衰退之後就很難制定對策了。

看電視和閱讀時多「吐槽」，也能鍛鍊記憶力

語意記憶和情節記憶的理論，也適用於讀書時。年輕時，語意記憶會確實保留下來，情節記憶也很活躍。「原來是這樣啊？我搞懂了！」這類豁然開朗的體驗會讓人開心，保留在記憶中。即使上大學或出社會，也會在年輕、經驗還少的時候，擁有豐富的「領悟的體驗」。

學習電腦的架構也好，學習股票市場和其他經濟相關知識也好，當有所理

解時會伴隨感動、想著「啊，原來是這樣」。工作時也一樣會有視野開闊的瞬間，明白「是嗎，原來這樣做就行了」。重要的是將這種體驗化為情節。

上了年紀後，這份感動似乎會逐漸淡薄。即使讀了書，發現上面寫著嶄新或未知的內容，也往往不會感動，不再認為：「是嗎！原來變成這樣了嗎？」

例如，最近日本人開始認為美國是不像話的國家。以前美國給人的印象是了不起的大國，但是在雙邊貿易失衡下任意妄為，強加美國式正義的舉動人盡皆知。

我認為，起因在於一九八九年出版的《一個可以說NO的日本》（「NO」と言える日本。盛田昭夫、石原慎太郎著，光文社）。就因為氣憤「日本被騙得那麼慘」，所以對書上的內容和當時的事情都記得一清二楚。不過，從那之後，市面上也出現一連串「仇美論」書籍。不知為何，我就順順的讀過去，沒有特別記住什麼內容。

最近閱讀以北韓為主題的書籍後，憤怒的情緒油然而生，覺得「真是個無恥的國家」。雖然這往往會導向單純洩憤，想著「要制裁他們」。不過，就勾起情緒的意義而言，則有所助益。但不可否認，這種書的內容也是千篇一律，看了幾本之後就習慣了。

另外，也有很多中高齡者說「明明看過那本書，卻不太記得裡面寫些什麼」。雖說過了一陣子就忘掉小說裡的細節，反而能享受重讀的樂趣，這也是優點，但也有些商管書或其他書籍，還是想要仔細掌握內容。

中高齡者閱讀書籍時，不容易記住內容，就算順順的看過去也不行，就算硬背也不能化為情節。

這種情節記憶讀書法之中，有一招是邊挑毛病邊閱讀。這是人生經驗豐富的人才辦得到的方法。換句話說，即使對方是再知名的作者，也可以比對自己的體驗，吐槽「才不是這樣」，或是找碴挑毛病。

仇美論或仇韓論也一樣，閱讀時不要一味的接受作者的意見，而是要以自己的價值觀判斷「這太片面了」、「這樣做比較好」。如此一來，應該就會覺得有趣，而保留在記憶中。

能夠針對主張來反駁的體驗想必不少。像是讀到有人主張「要恢復景氣和改革結構，就需要藉由自由競爭活化企業」，就可以反駁「即使如此，現實中也有年輕人只能領到難以維持生活的薪水」。

「貧富差距正在擴大。尤以足立區領取就學援助金的家庭居多。」即使看到這樣的報導後恍然大悟、覺得贊同，也會在看到「足立區沒什麼計程車在跑」的描述後，吐槽：「最好是那樣啦，自以為是也該有個限度。」

既然不是當面反駁，也就不必在乎根據、資料或其他細節。即使是邊點頭邊讀過、似乎看過就會忘的內容，也可以用這種方法出乎意料的記起來。

電視也一樣。或許必須把電視的內容，化為情節記住的機會不多。電視畫面和話題會不斷改變，就算什麼都不思考，也會覺得自己懂了，這是看電視的特性。這種在被動之下照單全收的收視特性，無法讓人好好運用頭腦。

許多人過了中高齡以後，似乎是覺得周遭沒有聲音有些寂寞，於是就隨手打開電視。如果在看電視時，能吐槽一下「說什麼鬼話」、「不對吧」，也有助於防止記憶、情緒老化。

電視上幾乎聽不到真心話，就算是知名的主持人和評論人，說的話也有很多是片面之詞。因此對著電視找架吵，任誰都辦得到。反過來說，要是開著電視不管，照單全收播出的內容，可說是讓情緒老化最糟糕的生活習慣。

Point

・讀書也好，看電視也好，要養成挑毛病的習慣，不要照單全收。

2 不懂就問，學習就要臉皮厚

記憶有「輸入、儲存、輸出」三階段步驟。接下來會依照各個階段，為各位說明記憶的機制。

輸入是銘記在腦海中的階段。這裡的關鍵，基本上是理解和注意。換句話說，只要能夠理解，就記得住內容，人們記不住無法理解的事。這也就是為什麼，我們很難記憶沒有意義的密碼。

另外，情緒老化時，最先受影響的是「注意力」。

由於注意力會下降、變得渙散，所以即使讀了書，也只是順順的看過去。

老人如果罹患憂鬱症，記憶力會下降；但在憂鬱或不安時，也會頻頻出現看似在讀卻沒有讀進去，看似在聽卻沒有聽進去的現象，所以會忘記別人說過的話。這就和心神不定時糊里糊塗，連筆記都沒做是一樣的道理。

這絕不是記憶力變差，只是注意的程度減低而已。一旦情緒老化或變得遲鈍，即使主管下了某道指示，也會覺得「反正每次不都是這樣」，無法在聆聽指示內容時，提高注意力。

遇到這種時候，就要想一想聽到的內容跟昨天的有什麼不同，而不是應付了事。如果對象是主管，就不能像書本或電視一樣挑毛病，所以一定要透過提問或求證，提升注意的程度。

更進一步來說，注意中包含「關注」和「專注」兩種要素。

自己喜歡或關注的東西，即使上了年紀，照樣記得住。對於關心的事，注意的程度自然會提升。例如，從中年以後體悟到品酒樂趣的人，就一定記得住洋酒的相關知識。雖然其他事情很容易馬上忘掉，卻能說出「一九九二年波爾多左岸產的酒簡直是悲劇，右岸還可以。像是卡農堡（Château Canon）或是拓塔諾瓦堡（Trotanoy）之類的。」記得十分詳盡，造詣無止境。

有些人即使無法順利記住新事物，對於喜歡的足球卻如數家珍，能在觀看世界盃比賽的同時，說出某個選手屬於哪個國家的哪個俱樂部球隊（按：俱樂部球隊〔club team〕指非由企業主導，而是由志願者經營的組織），是從哪支球隊轉過來。喜歡旅行的人，即使上了年紀，地名、站名、路線的連接及其他資訊也記得一清二楚，清晰到令人意外的程度。

換句話說，只要是自己關注的事，自然就記得住。然而，通常在情緒老化後，關注的領域就會窄化，熱情度也會下降，而且無法專注在一件事上。上了年紀後要是一不小心，關注和專注都會雙雙減弱。

然而，輸入的另一個條件是理解的程度，即使上了年紀也不會衰退。人生經驗變得豐富，反倒會改善理解能力。

即使如此，在現實中還是很難學習和理解新事物。「雖然精通金融，卻不擅長電腦，來學一學吧」、「廣告業務一直來，也必須學點行銷」，即使在這種情況下，理解的程度恐怕也不如預期。其實，我們許多時候都只有一知半解便放棄了。

事實上，原因也在於情緒老化。人生經驗有時候反而會成為妨礙，或讓人礙於面子。換句話說，就是認為「這種事，我早就知道了」，於是便一知半解、隨便讀過去。這也是原因之一。

另一個原因，則是打腫臉充胖子、閱讀太艱澀的書籍，或是遇到不懂的地方卻沒辦法開口問別人。或許有人會笑說：「難道就為了這麼無聊的理由，妨礙了學習嗎？」但實際上這種情況常常發生。越是上了年紀，就越不想丟臉。年輕時認為不知道是理所當然的，也能懷著求知的心態去詢問別人；但現在卻會認為，都這把年紀才要問人，很不好意思。

此外，如果購買入門書或太簡單的書，也會覺得難為情，或是自己的自尊不允許，單純是為了面子閱讀專業書籍。他們會認為買封面文案寫著「猴子也懂」或「貓咪也懂」的入門書很丟臉，於是就購買艱澀的書，結果最後還是沒搞懂。

情緒老化後會變得保守，「怕丟臉意識」便強烈起來，這種意識的強度也會妨礙理解。明明應該具備理解能力，結果丟臉和愛面子反倒妨礙了學習。

從這層意義上來說，日本會出現平裝新書開本（按：比文庫本略長，但比單行本小）熱潮，最大的理由就在於滿足中高齡「想求知，也希望顧及面子」的需求。

這種開本的書又稱為教養新書，擁有這種書也是某種知識水準的象徵。雖然外包裝是這樣，不過現在的平裝新書開本，也以十分淺顯易懂的入門書居多，滿足中高齡者從頭學起不丟臉的需求。

Point

・聽人說話時，要抱持聽完後詢問細節的態度。

・學習新事物時，可盡量取得小開本書或其他通俗的入門書籍。

3 職位越高，求教越有價值

許多人稍微升了職，就打腫臉充胖子，遇到事情卻不肯問（沒辦法問）別人。本來無論在公司也好，政府機關也好，越是出人頭地、地位越高的人，就越容易獲得別人的教導。換句話說，地位越尊貴的人，低頭時的價值就越高。一般來說都是這樣，地位較低的人向自己低頭也不會高興，但尊貴的人向自己低頭就會開心，因為別人向自己低頭能滿足自戀。這雖然是天經地義，卻沒有多少人察覺到這一點。

相信本書的讀者，以年齡來說，或許都是地位正在提升和已經身居高位的人了。專務董事也好，常務董事也好，無論是什麼，好不容易獲得尊貴的職位，最好要運用這項優勢。

只要反過來運用地位、向別人低頭後，就能有效率的學習。雖然也有人會運用職位和地位炫耀或吹牛，認為「功勞是自己的，失敗是部屬的責任」，但兩者當然不同。

假如擁有相當地位的人對自己說：「哎呀，我完全不懂電腦。聽說你非常了解，可以教我一下嗎？」相信任誰都會深受感動，於是教學時就會下工夫，思索：「該怎麼教，才不會辜負對方的期待。」

隨著地位提高，低頭求教的價值就越提升；而且地位越高，越能選擇更精通、更擅長教學的人。既然容易獲得優質的資訊，那麼在上位的人低頭，就會變得更聰明，更尊貴。

雖然人們會說什麼，人生的尾聲是「過了保存期限」，但是擁有壓倒性聲望、近來少見能長期執政的前首相小泉純一郎，依舊積極起用民間的智囊。他在自己招牌的經濟財政諮詢會議中，低頭走入民間的印象深植人心。

前首相是否真的低頭不得而知，但至少就人類的心理而言，地位高的人「拜託」自己，就會讓當事人想傾囊相授。請各位讀者多利用這一點，提升理解的層次。

Point

・地位越高，低頭的價值就越高，不妨利用這一點多請教別人。

4 靠複習和現學現賣，維持記憶力

記憶的第二階段「儲存」，是指在一定的期間內記住需要的知識。要讀書應考，就是記到考試那一天，而在半年後或一年後，就只會保存需要的記憶。出了社會後，則多半必須保存更長的期間。

人類在記憶新事物時，會暫時保存在腦中名為「海馬迴」的部位。海馬迴會從這些資訊中判斷哪些是所須的，並轉錄到「顳葉」內，成為長期記憶。經海馬迴判斷為無關緊要的資訊，則會被捨棄。

「情節記憶」有時也會突然保存在顳葉裡，不過單純的「語意記憶」則格外需要這套機制的運作。

那麼，海馬迴是以什麼標準，判斷資訊的需要與否？這是極為機械化而單純的機制，當一個月內輸入同樣的資訊兩次以上，就會被判斷為需要；假如資訊只被輸入一次，之後左等右等都等不到再次輸入的話，則會被認為是不重要的資訊，無須保留而捨棄。

所以，改善儲存的方法就只有複習。重點是要在一個月以內複習，轉錄到顳葉中。不過，假如是考生的話，複習自是理所當然，年輕時也會充分實踐；但上了年紀後，就會嫌麻煩而不複習。

想要記住某本書的內容，就要在一個月以內讀兩次，先快速翻過目次，如果看到寫得好或需要的內容就再看一次，稍微複習一下，就會大幅改善記憶力。說來簡單，不過嫌麻煩的心情（這當然也是情緒老化）會以忙碌為藉口，不肯老實複習。

即使是年輕、記憶力好的考生，只讀一遍世界史教科書，也無法完全記住。年輕時會拚命複習，但上了年紀之後，明明腦功能下降了，卻連複習都不肯，會記不住也是理所當然的。

為了養成複習的習慣，有個好方法就是「現學現賣」。像是閱讀書本和雜誌，或是看了電視之後，就要現學現賣、說出搞懂的內容或是覺得有趣的事。對象不拘，重要的是藉由開口說出來，將記憶定形。

例如，在電視節目《轉動歷史的時刻》看到新的知識，就可以現學現賣告訴太太和同事，藉此將節目的內容強化為情節記憶。

這個方法的效果也不容小覷。要是沒有通盤的理解和記憶，就沒辦法向別人說明。這不是照本宣科或像播放影片一樣一字不漏照唸，而是要以自己的方式理解，並組織成言語表達出來。

這是最簡單的複習法，藉由說給別人聽，就能釐清自己的理解和記憶的幼稚之處，接著再對照一次書籍和影片。如此一來，就算不在一個月以內重讀這麼麻煩，也一定會定形為情節記憶。

或許對方會說「這還不就只是現學現賣」，但請各位不要在意。不過，如果反覆對同一個人賣弄知識，有時也會被討厭，這時不妨在俱樂部或夜總會秀秀你的知識吧。不過，要以風趣的方式現學現賣，也是有技巧的。要求自己幽默的談話，不但能預防情緒老化，要是又聽到對方稱讚「哇，好厲害」，也能滿足自戀，可說是一石二鳥。

說話也是在鍛練「輸出」，這是記憶的第三階段。越到中高齡，就越容易講不出別人的名字，想不起本該記得的事，這也是因為輸出功能衰退。要改善輸出就只能實際去做，必要時還得練習說出所須的內容。

假如是考生，就可藉由寫題庫或模擬考等方式輸出記憶。但出社會之後，寫練習題的機會就減少了。現學現賣正好就類似靠題庫練習，藉由告訴別人，除了能釐清模糊的記憶，說話時為了避免妨礙對方的興致，也能提升簡報的能力，是絕佳的輸出訓練。

情緒老化會促使記憶的各個階段發生老化現象。要是制定對策時未能了解這一點，往往吃了苦頭還依舊沒效果。我們要了解記憶的階段和過程，再藉由些微的習慣訓練。

Point

- 「現學現賣」，轉述從書本和電視上學到的新知。

5 打麻將，但別賭上癮

「酗酒、賭博及買春」，是惹麻煩的大叔宛如固定公式一般的三大毛病。做出某種反社會行為時，情緒會高漲，躍躍欲試。道德上多少會遭到非難的行為，卻能有效預防情緒老化。

為什麼反道德的行為能預防情緒老化？因為越是上了年紀，就越需要強烈的刺激。就如之前重申的一樣，腦部老化和人生經驗，會讓人難以對微弱的刺激起反應。

一旦在工作上累積經驗，往往就能預想接下來的發展，能乾脆俐落的處理事情，失敗的次數也會減少，但樂趣也會逐漸沖淡。看到膚淺的電視劇就能預料到故事發展而感到無聊。預先猜到後續發展，不只會喪失刺激，就連興趣或關注度都會越來越薄弱。

賭博則完全相反，常常充滿背離期待的不確定性，能給予強力的刺激。賭博會直接作用到情緒上，具備返老還童的要素。

聚集在賽馬場的中高齡人士，從時尚的角度來看一點都不帥氣，不少人雖然外表蒼老，但卻能清楚記住賽馬的血統和戰績，發揮驚人的記憶力。此外，聽某位自行車選手說，雖然自行車賽愛好者的年齡層高於賽馬愛好者，卻有很多人能正確記住，某個選手之前在哪條賽道上以什麼方式行駛，前面和後面各是誰。

據說高爾夫職業選手青木功，能完全記憶和重述「幾年前的第幾洞第幾桿」。職業將棋手在一局對戰後，能夠從頭覆盤幾百手。換句話說，一個人遇到喜歡的嗜好，就會發揮驚人的記憶力。

就如之前說明的一樣，情緒老化也會強烈影響記憶力。賭博的刺激無疑具備一定的效果，能夠預防記憶力或情緒老化。

圍棋、將棋、紙牌遊戲之類的比賽，也能預防情緒老化。在輸牌後的悔恨當中，情緒會受到強烈的刺激，只要覺得不甘心、想要多多練習，並燃起熱情「下次一定要贏過那傢伙」，也就會動腦分析對方的技巧和戰術。

打麻將時，四個人邊聊天邊動腦，無論勝敗，都會令人狂熱，據說打麻將也能保持情緒不老。日本前首相三木武夫的未亡人睦子等，這些樂在麻將的高齡人士，給人的印象都是頭腦很年輕。

在擅長的比賽中勝出也能滿足自戀。從預防情緒老化的意義上來說，只要擁有足夠的實力贏得比賽，也能鼓舞自己。

不過，完全沉迷於刺激的強度，也是很危險的，所謂的「賭博成癮」就是如此。尤其是柏青哥，只要體驗過一次中大獎的快感，就會無法自拔；過度沉迷導致家庭破碎或身敗名裂的案例，也層出不窮。

與賽馬和其他公營博弈相比。柏青哥的回本率（顧客投注的金額與店家回饋金額的比率）高得異常，元凶在於高風險、高報酬煽動了僥倖心理。雖然政府須盡快提出對策，但背後似乎有陰暗的一面，有謠傳說柏青哥賭博是北韓的資金來源，還有人指出柏青哥是警察特權的溫床，於是邁向健全化的行動因此趨緩了。

柏青哥能在短時間內投注幾萬日圓，沉迷之後很可能毀滅人生。尤其是一個人默默面對柏青哥機臺，更容易導致成癮。我知道現實中有年長者因為柏青哥成癮症毀掉人生，或是成癮症患者的妻子變得憂鬱。從腦科學的立場來看，現在的電動柏青哥能帶來多大的刺激，還是個疑問。前些時候，蔚為社會一大問題的非法撲克牌遊戲也一樣，雖說有刺激情緒的效果，卻不建議輕易接觸。

反社會行為和背地裡遭人批評的事，確實能預防情緒老化，但在沉迷之際很有可能身敗名裂，必須避免。當然，像毒品這樣的玩意兒更是碰不得。

Point

・賭博和比賽，要選擇能靠自己的能力和努力取勝的，像是打麻將和下棋。

6 有錢、有知識、有人生經驗

即使上了年紀，能受人尊敬也十分重要。讓別人認知到自己不可或缺，便能滿足自戀，成為生活自信和動力的泉源。

因此，要記得擁有自己的賣點，也就是自己能贏過年輕人的特點。話雖如此，但通常老人在體力和容貌上，難以一較高下，說到能贏過年輕人的事，大概就是金錢、知識及人生經驗。

現在在一定規模的企業上班的人，很可能在金錢上贏過年輕人。尤其是孩子離巢之後，就能自由運用更多金錢。雖然有人說，年金制度或年資掛帥下的薪水與退休金制度即將崩潰或發生劇變，但現在五十幾歲以上的人，幾乎沒有這個問題（關於金錢，將在第5章詳述）。或許創業後變成富豪的機率不高，但是擁有足以安然度過晚年的金錢，應該會讓年輕人很羨慕。

智慧與知識比年輕人豐富，是年長者獨有的優勢。單從語法的用法和國字的書寫來看，與現在年輕人令人心寒的程度相比，年長者擁有壓倒性優勢。無論男女，相信都能憑藉知識獲得足夠的尊敬。

向長者淵博的學養就教，這種需求絕對存在。雖然不像電影《星際大戰》（*Star Wars*）系列當中的絕地大師尤達（Yoda）那樣受人景仰，但正是因為上了年紀，社會還是需要長者的智慧。

另外，也有長者因為擁有豐富的人生經驗，成為商量諮詢的對象，而受到眾人敬重。不過現實中，也不是說上了年紀，就會突然出現一大堆人找自己商量事情，我想只有那些自年輕時，就常是他人商量對象的人，才有可能如此。

只能說，除非年長者擁有上述三項中的其中一項，否則一定會被輕蔑或被嫌礙事。換句話說，至少要在用金錢決勝負、靠知識決勝負、對包容力和協商能力有信心，這三項中確保其中一項。

不是每個人都富有，也不是每個人都能成為他人諮商的對象，所以重要的是，至少要時時抱持「求知慾」。

食慾和性慾會隨著年紀漸長而淡薄，對每件事都清心寡慾。但即便如此，也最好要維持想要更聰明、想要看起來更聰明的欲望。

絕大多數人上了年紀後，都會害怕疾病與死亡，更害怕會罹患失智症，很多人因此開始玩任天堂遊戲鍛鍊頭腦，這樣很好。不過，雖然訓練後能預防老化，但光憑這樣，還不能贏得年輕一輩的尊敬。

就算四處告訴別人「我在頭腦訓練遊戲中，測到的腦年齡是二十三歲」，最後也只會得到一句「啊，好年輕啊」。雖說腦年齡很年輕，但光是這樣也不會變成受人尊敬的老人。上了年紀後，不被社會或他人需要，或許是人生最大的不幸。相比之下：

「那個人好像在歷史方面懂得很多。」

「酒的事情，只要問那位大叔，他一定都會告訴你。」

「果然是瘦死的駱駝比馬大嗎？那個人談起金融好厲害啊。」

如果是像這樣建立名聲、受到尊敬的老人家，晚年就會過得很開心。所以重要的是，找出一個不輸年輕人的「擅長領域」，懷抱終生學習的動力。

第 5 章

現代人最需要的「額葉年輕計畫」

1 朗讀、手寫、計算都能防老化

我以前在某家醫院工作時，有一位政治人物來到醫院，他已經八十幾歲卻依舊活躍。這位人士是很有活動力的領導者，也受到年輕政治人物的仰賴。

我請對方讓我看看腦部照片，雖然他讓我覺得是位稱職的政治家，但我發現他的額葉正在萎縮。然而，他依舊精力十足的從事活動。聽說在政治的領域中，要是傳出一點健康的負面隱憂，就會遭到周圍的背叛。不過，在這位政治人物身上，完全看不出幹勁低落、情緒轉換不佳或其他額葉衰退的跡象，他仍舊發揮領導能力，持續維持向心力。

就算這時他的額葉正在萎縮，也依舊能發揮功用，這件事讓我留下了很深刻的印象。

政治人物總是感覺常保年輕。過了七十歲依舊精力充沛的人，要多少有多少。「四、五十歲還是鼻涕小兒」，這句話雖是陳腔濫調，但也依舊能充分形容這種狀況。

為什麼政治人物總是讓人感覺年輕？因為他們要不斷的在眾人面前演講、打選戰，還要傾聽支援團體和選區選民的要求，再以高明的手腕提出指示。政治人物工作時擁有幹勁、關懷及願景，這種動力會強烈刺激額葉。就連講話多少有些千篇一律的政治人物，也是過著不斷決勝負的人生。

而且藉由積極的活用，就算稍微萎縮，剩餘的細胞依舊充滿元氣。要是一停頓，萎縮的部分就會讓功能明顯下降，但持續使用的話，即可保住功能。

人們常說，人類只會用到腦部百分之一的能力。換句話說，既然腦這個器官有百分之九十九都沒在使用，那麼不管減少和萎縮得多嚴重，或許都不是大問題。

總而言之，比起神經細胞減少，更重要的是如何才能持續活用剩餘的細胞，保持讓它們充滿元氣的習慣。

持續工作、屆齡不退休的人，更能長命百歲

使用額葉的機會，也會因職業不同而天差地遠。

不只是政治人物，人們也常說表達某種意念的創作人和藝術家，頭腦靈活又有彈性。既然不能重覆相同的事情，就得要充分運用額葉的功能，像是彈性思考、轉換心情，以及展現對新事物的熱情等。實際上，也有許多畫家或管弦樂團的指揮十分長壽，一直身處在第一線。

我以前在浴風會醫院任職時，該院院長大友英一從長期的臨床經驗中，將政治人物、創意工作者、財商界人士及高級日式餐廳的老闆娘，列為不容易痴呆的職業。這些職業的共通特徵在於，當輸入資訊後，得經過整理和加工再次輸出，還要做得細心周到，這也需要讓額葉積極運作。

另一方面，也有職業是要以平淡的態度，處理固定的工作。

「我的工作完全不需要什麼創意。從早到晚就是在核對文件，檢查正不正確。」或許這類人在工作時，額葉往往都在休息。也就是說，假如額葉持續這樣休息下去，情緒極可能在年紀輕輕時便老化。

假如從事的工作沒有刺激，只是重覆做相同的事，就得要找機會運用額葉，無論是興趣或學習都可以。像是每天更新部落格、寫日記也是好方法。如果不知道要寫什麼，就試著寫寫當天看到的電視節目和有趣的事情，這樣就會出現成效。也不要漫不經心的看電視，只要像上述那樣運用額葉，就會形成足夠的刺激。

一般來說，從事不會退休的工作，就可以長壽樂活。雖然換個觀點來說，也是必須一直工作，不過有該做的事，就是在設法動腦。也可以說，就這層意義而言，能否充分運用額葉是取決於生活方式，而非職業的種類。

現代人需要「額葉教育」

假如上了年紀後還很有活動力，額葉就不會輕易衰退。反過來說，年輕時額葉發達的人也充滿行動力，很有創意，往往容易從事活用額葉的工作。不過，無論是什麼工作，都需要自發性和創意巧思，這是將來社會所須的要素。換句話說，我認為社會需要能鍛鍊額葉的「額葉教育」。

關於教育方面，現在人們相當關注「右腦教育」，認為進入資訊社會後，過去以左腦為中心的教育（按：左腦教育重視邏輯分析、語言、計算；右腦教育則重視圖像記憶、空間概念、感性）再也派不上用場，但我還是對此抱持疑問。如果資訊越來越氾濫，那麼為了熟練運用所須的資訊，就需要比過去更多的知識。

比如，與右腦教育完全相反，一般對於背誦之類的記憶力訓練評價不高。將近二十年前，人們錯誤預測，以為將來大家都可以藉由網路瀏覽資訊，用不著記住細微的知識，成為了輕視記憶力的觀念源頭。但在網路普及、人人都可以使用谷歌（Google）搜尋引擎之後，才發現反而需要更多知識，與之前的預估完全相反。

假設在學校的課程中，要以「生命科學與倫理」之類的主旨提交課題報告。每個人剛開始都會用網路搜尋，轉眼間就能找到數萬個網站。但要是不懂專業術語、不具備問題的相關背景知識以了解和鑑別內容，就只能束手無策。

到頭來，掌握豐富資訊的，就只有鍛鍊左腦且擁有知識的人，他們與只會瀏覽資訊的人之間的差距，將越來越大。

大致上來說，語言能力和理解能力，是屬於顳葉的功能。國文和英文科目會鍛鍊到顳葉。另外，計算題和圖形題，則是能鍛鍊頂葉的功能。要是不疏於這方面的學習，還是可鍛鍊額葉功能，卻難以單靠傳統型科目提升效果。所謂的發表型學習和追求創意的考試，也不是那麼簡單就能做到。

不過，後來發現一件令人意外的事。雖然從以前就有人批評日本的教育無法鍛鍊額葉功能，但是川島隆太教授和其他腦科學家釐清，透過小學生就會的單純「朗讀、手寫及計算」練習，就可以鍛鍊到額葉。

或許有人會認為：「啊，太好了，這樣不就得了嗎？」不過，問題在於在教育中，不太會用到、也不會持續使用鍛鍊後的額葉功能。

「失去年輕人該有的主動性」，我們經常可以從企業人士口中聽到這樣的不滿和感嘆。但在進入高中、大學之際，學生卻沒有機會用到難得鍛鍊好的額葉，也無法繼續進一步的鍛鍊。雖然腦部不會從年輕時就急遽衰退，但今後，在求學階段的額葉教育，將會越來越重要。

2 活到老、做到老，更長壽

原先日本有九成的企業，是以六十歲為退休年齡。不過根據日本法律，二〇〇六年四月一日以後，自願者可以工作到六十二歲。接著之後決定延長到六十五歲，並正式施行（按：臺灣的法定退休年齡也是六十五歲）。

或許會有人覺得「明明沒付年金，卻還要那麼辛苦的工作」、「這樣不是很過分嗎」。但若以肯定的心態設想：「工作較能預防情緒老化，保持青春，這樣也很好。」晚年的生活品質就會大為不同。

就結論來說，上了年紀還繼續工作的人，較長壽和健康。看看第二五〇頁圖⑧就會知道，長野縣七十歲以上的就業率為全日本第一，平均壽命也是領先。男性為全日本第一名，女性為全日本第三名（二〇二二年為男性第二名，女性第一名）。

長野縣七十歲以上的就業率約為二五%，每四名老年人就有一名在工作。與就業率最低的沖繩縣相比，約為兩倍的水準。另外，還可以看出就業率和老人醫療費之間具有相關關係。平均每位老人的醫療費最高的北海道，約為九十三萬日圓。最小的長野縣約為六十萬日圓，只不過約為北海道的六五%（見下頁圖⑨）。

換句話說，長野縣是日本老人花費醫療費最少的地方，也達成日本最長壽的成就。

除此之外，長野縣六十五歲的平均自立期間（無須看護就能生活的平均年數，也就是所謂的「健康餘命」），男性為一五・九二年，位居全日本第二

圖⑧：70歲以上的就業率與平均壽命（2000年）

就業率排名	都道府縣	男	女
		平均壽命	平均壽命
第1名	長野	78.90（第1名）	85.31（第3名）
第2名	山梨	77.90（第18名）	85.21（第8名）
第3名	鳥取	77.39（第32名）	84.91（第16名）
全國平均		77.71	84.62
第45名	大阪	76.97（第43名）	84.01（第46名）
第46名	福岡	77.21（第35名）	84.62（第28名）
第47名	沖繩	77.64（第27名）	86.01（第1名）

（作者根據日本統計資訊部〈2000年都道府縣別生命表〉製作而成。）

圖⑨：老人就業率與平均每人醫療費的相關關係

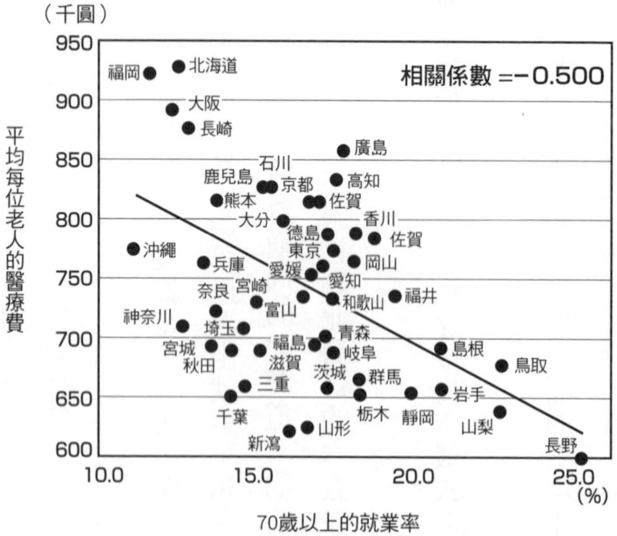

（節錄自日本總務省統計局，〈國勢調查〉2000年、厚生勞動省保險局，〈老人醫療事業年報〉2001年。）

名；女性為一九・四四年，位居全日本第四名（一九九五年，厚生省調查）。一般病床平均住院天數也是全日本最短（一九九八年，醫院報告）。

然而相較之下，平均每十萬人的百歲以上人口，則為一〇・三二人，位居全日本第二十二名，處於接近中間的位置。

由此可知，長野縣長期臥病在床後死亡的人並不多。活蹦亂跳、精力充沛活到高壽，再突然過世，這稱作無疾而終（日本稱為PPK），許多人視之為退休後的理想。

長野縣之所以會成為無疾而終的先進縣，原因有以下幾點，包括離婚率低、大家庭主義、地區凝聚力佳，能輕鬆實現在宅看護的環境一應俱全。另外，密切追蹤在宅醫療的地區醫療系統，也的確十分充實。

或許還可以再加上「充滿活力的長期工作」這一項。日本人擁有同樣的DNA，在日本各地食用同樣的東西，卻產生如此差距，關鍵因素不就是能否繼續工作的區別嗎？

工作不限於在企業上班，重點在於承擔職責、發揮功能，例如一邊照顧孫子，同時下田幹活。假如期待屆齡退休後可以做喜歡的事，當然是最好。但如果喜歡工作，則應該盡量長期勞動，比較能度過開心健康的晚年。

3 痴呆老人有人顧，無用老人沒人理

日本國立長壽醫療中心主要研究人類老化和老年疾病，該中心有一項調查結果指出，有超過八成的人回答「對於邁向高齡感到不安」。這是在二〇〇四年，調查日本全國約兩千名、二十幾歲至七十幾歲男女後的結果。

假如說到不安的事，最多的答案是「自己臥病在床或罹患失智症，需要看護」，占七八％；排行第二的是「自己罹患疾病」，占七二％；排行第三的是「隨著退休而失去固定收入」，占六八％。憂慮的疾病中，有七七％的人回答癌症，七〇％的人回答失智症。

也有四成的人不希望長壽，由此可以窺見人們對於晚年的憂慮有多強烈。雖然在各式各樣的情緒中，欲望會因為老化而變淡，卻有很多人隨著逐漸高齡而越來越恐懼。

國立長壽醫療中心的調查也指出，不安的排行前幾名是健康問題。一旦受到痴呆恐懼、臥病在床恐懼、癌症恐懼和死亡恐懼等憂慮驅使，就只會往壞的方面去想。

每當腰部、頭部或身體哪裡有點疼痛就擔心起來，馬上去看醫生；光是稍微沒有食慾，就憂慮是不是得了癌症，結果越來越食不下嚥。許多人深切盼望不想痴呆，但若問起該怎麼做，頂多只有玩任天堂遊戲鍛鍊頭腦。

我自己常常抱持的是「笨蛋恐懼」，總之就是不希望別人認為、或者說我是笨蛋。實際上我一直害怕，別人搞不好會覺得「和田老是在說同樣的事情」，這比痴呆恐懼還可怕。

這也是因為如前面所言，「聰明老人受尊敬，無用老人沒人理」。失智是需要照護的對象。有的案例是失智之後反而比較有人理。換句話說，在失智前，家人明明完全不理會，但一出現失智症狀，家人才慌張得不得了，現在這類案例非常多。既有針對失智者的日間復健課程，也有配合失智程度的教育計畫和教育課程。或許在失智之後，反而較能夠體驗到有人理會的幸福。

上了年紀後，笨蛋老人比痴呆老人還要慘。我不由得認為，最慘的老人是讓周圍的人覺得「問這個人一點用都沒有」、「這個人幫不上忙」，在需要別人看護之前就陷入「沒用」狀態的人。

一個人要是覺得自己沒辦法幫助別人的話，就不會覺得幸福。能幫助他人，與其說是為了對方，不如說是為了實際體會「有所貢獻的自己」，滿足自戀。

雖然到各地的銀髮人才資源中心登記，由對方幫忙介紹工作，也是很好的方法，但如果擁有專業知識，也要多多活用。像是從銀行退休的人，可以利用專業知識、提供貸款諮詢。曾在製造廠上班的理工科老人，現在也成了東南亞的當紅炸子雞，因為當地的製造業渴望有人傳授技術。傳授別人知識、受到感激，就是美妙的欣快體驗。

現在有很多機會，即使不須掙錢，也能當義工幫助他人。與十幾年前相比，現在的志工團體和制度已經格外充實。

要是單方面認為自己幫不上忙，漸漸的，周遭人也會這樣想，進而陷入越來越討厭自己的惡性循環。只要在此之前主動行動，一定會有人或地方需要你，只要能維持想幫忙的心情，即使上了年紀，依舊可以努力。

這麼一來，既能實現「努力→幫忙別人→受人感激→再努力」的良性循環，也可以當個受人尊敬的老人，度過充實的人生。

Point

・從工作和義工活動中，找到隨時能幫助他人的事。

4 做個被他人需要的人

做自己覺得開心的事情固然重要，但若忘了要成為被周遭需要的人，晚年就會變得寂寞。就算擁有再多錢，表現出再多幹勁，但不管是高爾夫球還是麻將，要是身邊沒有人邀請自己，那可就糟了。

大前提在於，自己也需要具備某些長處，至少不要惹人厭。就算有人邀自己打一次高爾夫球，但如果只會說別人的壞話或鬧彆扭，別人就會覺得「這個人真煩，下次再也不邀他了」。

同樣退休的朋友也好，與還在職場的世代交流也好，當自己屆齡退休後，他們就沒有義務去忍耐和邀請討厭的對象。就算自己打算帶頭，但如果不懂得關照別人，沒有責任感，只會在部屬面前擺出大哥的樣子，那麼從公司退休後就不會再受邀了。無論是麻將或高爾夫球，只要思考一下，想不想邀請盛氣凌人又頤指氣使的退休前輩來，答案就十分清楚了。

假如能以巧妙的口才，生動有趣的敘述往事，建立穩固的聲望，相信也會有很多邀約。既然不涉及利害關係，還在職場的後輩或許會想找自己商量事情，「現在部門內變成這個樣子，該怎麼辦才好」。要是能一針見血的提出建議，像是「只要好好利用那個女魔頭就行了」，交流也會一直持續。

假如自掏腰包請客，別人可能會邀你幾次。但要在屆齡退休後，仍一直維繫出遊同伴的交情，就沒有那麼簡單了。

我們需要找出自己專屬的特長，像是認為自己魅力十足且他人需要自己幫忙的地方，或是聰明絕頂、品德優良，或者光是有你在就能讓人放心。重點是要多了解並努力強化。

要是沒有做好這樣的準備，有一天就會突然驚覺，別人完全不需要自己。要是不被他人需要，就會感到寂寞難耐，情緒又會一口氣老化。

5 森田療法很有效

目前為止，我已經列舉各種防止情緒老化的習慣和點子。

但或許有人以為：「這和自己以前在做的事完全不同。」、「反正已經老化了，這不是白費力氣嗎？」又或許還有人沉溺在不安之中，認為：「妻子也好，任何人也好，都沒有人理會自己。」

一旦沉溺在不安的心情，就無法控制情緒，無法擺脫不安。這時就要參考森田療法的思維。森田療法是有助於克服對人恐懼症的心理療法之一，由東京慈惠會醫科大學的第一任精神科教授森田正馬於日本發明。相較於西歐的心理療法——排除內心的不安或糾葛，森田療法提倡將不安和糾葛視為原本的自己，並一一接納，再決定要採取什麼行動。

這不是要否定或消除不安，而是要探究該怎麼辦。例如，經常有考生找我商量：「我總是擔心落榜，沒辦法用功讀書。」這種案例便適用森田療法的觀念，因為這份不安有優點也有缺點。

換句話說，一個人就是因為不安、擔心落榜，才會用功讀書。因為不想落榜而苦讀，這種考生就能考上。不覺得不安的人，既不會拚命用功，正式考試時也不會檢查考卷，便會因為單純的失誤而落榜。所以，覺得不安是自然的，但如果因此而無法專心用功，就會變成缺點；相反的，若以不安為努力讀書的原動力，就是大大的優點。這樣一說，來找我諮詢的考生就會信服了。

同樣的，假如擔心年老後沒人搭理，就可以主動採取行動。像是上了年紀後，也要用功進修變得更聰明，或是親切待人。

雖然無法控制不安的情緒，但我們可以控制行動。不安就不安吧，一一照單全收後，再決定要採取什麼行動。

Point

・假如覺得不安，要記得將阻力化為助力，再付諸行動。

6 把錢花在讓自己開心的事

晚年即將來臨，金錢上的不安，會隨著對於健康的不安而放大。前述的調查也指出，約有七成的人擔心這一點。

但為避免誤會，這裡先稍作說明，假如現在任職於還不差的大企業，有信心能工作到屆齡退休，或許不太需要為退休而準備存款。要是有房產就依舊可以維生，再加上退休金，足以規畫晚年的生活。

那麼，罹患疾病或需要看護時，要怎麼辦？

其實日本現在多虧了看護保險制度，付費的老人之家出現削價競爭的情況，所以只要花五百萬至一千萬日圓，就可以買到像樣的套房式付費老人之家。而且，應該可以找到位在都市近郊、選址條件優良的地方。

為什麼會形成這樣的機制？關於付費老人之家每個月支付的費用，假如是夫妻入住，房租和餐費總計就要二十萬日圓至二十五萬日圓。這是能健康過生活時的基礎支出，假如需要看護，每個月看護保險就會撥出約二十五萬日圓。因為個人要負擔一成，所以每個月的支出會增加兩萬五千日圓。（按：以衛福部中區老人之家為例，自費安養每人每月為新臺幣一萬元，包括膳食費、住宿費及服務費，須繳納兩個月保證金。自費養護則是每人每月兩萬一千元，包括膳食費、住宿費及照顧費，須繳納兩個月保證金。而安養人個人被服、日用品購置、私用電話等費用都須自理。）

從老人之家的角度來看，營業額會增加二十五萬日圓。既然每個月可賺四十萬日圓至四十五萬日圓，對於老人之家來說也會是「好顧客」。因為有這樣的機制，所以能壓低入住時的費用，需要看護時，也不必擔心會被趕出去。

假如任職於還不差的企業，手邊又有房產，只要擁有以上這兩項附加條件，就算一點存款都沒有，就算臥病在床或失智，在金錢方面也不太需要擔心。

所以孩子上大學、離巢之後，就算將津貼統統用來玩樂，也完全沒問題。或許多多少少還留有房貸，但每個月可以自由運用十萬日圓至二十萬日圓的金額，把以往用在孩子身上的錢，當作自己的零用錢就好。很多人都以「晚年儲蓄」為最優先，不過現在無須為金錢擔憂，又要為了什麼而儲蓄呢？

Point

・將獎金統統用在「自己開心的事情」上。

7 財產不要留給小孩

那麼，應該為了什麼而花錢？上了年紀後，終究還是要把錢花在開心的事情上，比較有益身心，也就是能健康長壽。有來越多研究成果顯示，精神上的欣快刺激，能提升免疫功能。

做開心的事情預防情緒老化、保持青春，就能有效達成健康幸福的人生。上了年紀之後，比較需要強烈的刺激，所以要花錢。

在過去，人們很難在上了年紀後離開住慣的土地，到溫暖的地方度日，雖然持續靠年金生活，也有許多人每個月收支依舊維持黑字。最近，也有越來越多人屆齡退休後，長期居留在國外，JTB旅行社（按：日本規模最大的旅行社）就建立了專營的部門從中斡旋。

團塊世代屆齡退休之際，潮流似乎有點轉變（按：團塊世代一詞出自堺屋太一的同名小說，指日本二戰後出生的第一代）。他們會覺得要留點東西給孩子，這樣的價值觀根深柢固，不過也有越來越多人認為，為了自己花財產，不是也很好。

有個以房養老的機制，是在貸款時以房產或其他不動產為擔保，死後便賣出不動產清償。這種方法有個優點，就是有房但只有少許年金和其他收入的高齡人士，能夠持續生活在住慣的家裡（按：臺灣也有銀行推出「以房養老」的貸款）。

日本泡沫經濟崩潰後，不動產價格下跌，金融機構不會積極推銷，不過地價逐漸穩定後，這種做法又死灰復燃。假如不認為財產必須留給孩子，用這種方法，每個月就能進帳十萬日圓、二十萬日圓。

我也可以理解凡事為了孩子的父母心。但從平均壽命來衡量，最好要假設自己過世留下遺產時，孩子也在六十歲左右，孫子的教育也差不多在這個年齡完成。只要父母照顧孩子，孩子就更晚自立。為了避免將來養出六十歲的尼特族，最好要表明財產不會留給孩子。

會擔心年金是不是快要破產，以後六十多歲的孩子會很可憐，這份父母心固然可貴，但沒必要憂慮到那種地步。反倒是該花錢預防自己老化，也比較不會給孩子們添麻煩。

Point

・要一直說「財產不會留給孩子」。

8 每年為自己勇敢花（錢）一次

最近，覺得為自己花錢的罪惡感逐漸沖淡了些。

每逢滾石樂團（The Rolling Stones）來日本，就會有五十幾歲的人去聽他們的演唱會，這已經不稀奇了。歌手小田和正和南方之星這些已屆中高齡的音樂人，依舊持續在第一線活躍，支持他們的也是中高齡粉絲。松任谷由實的演唱會、中島美雪的晚會音樂會，以及其他讓成人著迷的舞臺也不少。

即便年輕時因為松任谷由實演唱會門票很貴、去不成，到老了也買得起。忙著養兒育女，想去也去不了的小田和正演場會，到老了也去得了。以為一輩子都沒辦法在日本看到滾石樂團，上了年紀後卻能看好幾次。

當然，假如喜歡演歌，也可以參加演歌演唱會。演歌歌手冰川清志的演唱會，總是擠滿五十歲以上的女性，其中有幾成是借用女兒名義、年齡不詳的粉絲，現場歡聲雷動。捲入「裴勇俊熱潮」中的粉絲，則會前往韓國做聖地巡禮。看來中高齡女性，比男性早一步體會尋找樂趣的方法。

很多人是在上了年紀後得以實現夢想，因為有閒又有錢，而且現在的老人和即將邁入高齡的中高齡者，也受惠於時代的機緣。

單從國外旅遊來看，一九六五年首次亮相的「JAL PAK公司」，推出的夏威夷九日遊也要三十七萬八千日圓，換算成現值將近四百萬日圓（按：約新臺幣八十四萬元），是極為奢華的旅行。但在現代，就算夫妻搭商務艙去埃及旅行，也不會花到這麼多錢。只要有一百六十萬日圓至一百七十萬日圓（按：約新臺幣三十三萬六千元至三十五萬七千元），就可以搭頭等艙往返歐洲。

另外，在一九五五年到一九六五年間，日本的電視普及率在這十年間，從個位數成長到將近百分之百。一九五九年的日本，十四吋黑白電視要價六萬五千日圓，而公務員的初任薪資為一萬兩千日圓，所以折合現在的價格大約是一百萬日圓（按：約新臺幣二十二萬元左右）。

這麼一想就會覺得，用津貼買大型液晶高解析度電視，甚至搭配全套家庭劇院，也一點都不草率。這是「有點昂貴，但勉強買得起」的價格，我把它命名為「二十五萬日圓理論」（按：約新臺幣五萬五千日圓）。因為在日本，能勾起購買慾的劃時代新產品，會以二十五萬日圓左右的價格發售。

例如ＶＨＳ錄放影機、八釐米攝影機、雷射影碟及索尼犬型機器人ＡＩＢＯ，都是以二十五萬日圓發售的熱門商品。即使推出到市場的第一號機型更昂貴，但在推出二十五萬日圓的機種後，就會讓消費者覺得「有點貴卻想要」、「努力就買得起」、「這個價錢要買也行」，而成為暢銷商品。

二十五萬日圓理論，從八〇年代起適用了二十年以上。現在的筆記型電腦也有低於十萬日圓的企業型機種，個人想要的輕薄高性能機種，則還是要二十五萬日圓左右。總之，二十五萬日圓，是日本人買得起的價格。

但另一方面，市面上也出現過類似DVD錄放影機這類，不降價到十萬日圓左右就賣不掉的產品。所有的電器產品不再讓人耳目一新，「要買也行」的門檻越降越低。這種不敢花錢消費的通縮心態如果嚴重起來，也會形成惡性循環，讓廠商難以推出劃時代的新產品。

這段期間，大型液晶電視的店頭實賣價格，也是二十五萬日圓左右就買得起，普及之勢看俏，這表示二十五萬日圓理論依然健在。

當出現二十五萬日圓或十萬日圓的心理壓力線時，說不定會覺得購買五十萬日圓或一百萬日圓的東西非常昂貴。但只要想想一九五五年到一九六五年左右的電視，或是一九六五年至一九七五年左右的國外旅行，就絕對是買得起的價格。

只要花一百萬日圓，安裝大型液晶電視和家庭劇院，想必也有好一陣子，會在回家時雀躍不已吧。

Point

・請製作一張清單，列出想花二十二萬元買的東西和想做的事情，一年執行一次。

9 將錢用在比儲蓄更快樂的事

不管怎樣，大多數人在金錢上還是有所節制。即使到了五十幾歲，孩子離巢、經濟寬裕，也會擔心晚年不知道還要花多少錢，而限制花費的金額。「奢侈是敵人」的精神，至今仍然根深柢固的存在著。

報章雜誌常見的晚年資金試算，寫著需要幾千萬日圓，讓許多人誤以為必須存到相當的金額才行。不過，像日本這樣早已建立機制，無須存款也能維生的國家很罕見，尤其是在大企業上班的人更是如此。

我知道有對夫妻每隔幾星期就會出遊，投宿在各國的高級住戶自有公寓

（按：住戶自有公寓〔condominium〕指各戶擁有獨立產權的公寓）。他們自稱退休前是普通的上班族，但詢問之下才知道，是雖不起眼卻知名的大廠商。

從現在的經濟情勢衡量，五十幾歲以上是所謂的勝利組。這個年代有房產又有企業年金的人，敢說已經不需要存款了。將錢好好用在比儲蓄更快樂的事情上，也是為了經濟著想。

不過，小於四十幾歲的一輩，就需要準備退休金。即使是大企業，也很難預測將來二十年後會怎樣。企業狀況的好壞就不用說了，也需要考慮年金破產的可能。企業年金也一樣，或許公司會廢止或縮減。實際上，我父親任職的公司適用《公司再生法》之後，年金就遭到大幅刪減（按：《公司再生法》是日本協助破產企業重建再造的法律，會刪減員工年金，應該也是解救公司危機的手段）。

美國最大汽車公司通用汽車（GM）陷入經營危機的背景，就在於企業年金和離職者也適用的豐厚保險制度。即使「提撥N%加以投資再支付年金」和「終生照顧」的承諾，讓公司難以採行高報酬率的投資，而且在平均壽命延長後要倒貼保費，也無法輕易廢除。

今後或許也有年金破產或退休金破產的風險，這也表示四十幾歲的人還是需要籌措存款或財產，以備晚年之需。無論股票也好，投資信託也好，積極理財而非只會定存，也是一個方法。說到四十幾歲，就是正在工作的社會中堅，應該會有某種程度的鑑別力。

現在也有很多人是透過網路交易，看著變動的走勢圖、不斷做出買賣決策，這樣也能預防情緒老化。雖然說，不該將所有的財產投進股票或可能蝕本的金融商品，不過一般來說，現在定存的利息和股票的利潤有所差距，即使多少要冒些風險，也會想要追求報酬，因為年報酬率為一成或二成的投資信託已經很常見。

相信現在也有很多人被房貸追著跑。假如考慮到前面提及的以房養老方案，這也可以當成存款，將來可以以這間住宅擔保、當成晚年資金。藉由以房養老取得融資的使用條件是還清房貸，所以必須建立計畫，逆推什麼時候需要晚年資金，提前還掉房貸才來得及。

將提前還完房貸擺第一，同時運用五十萬日圓到一百萬日圓，訓練自己投資股票或從事其他積極的理財方式。作為四十幾歲的個人金融策略來說，我認為這種配置十分有效。

Point

・過了四十歲，要學習股票等理財知識，就算小額投資也好。

10 莎士比亞筆下的老人悲歌

各位知道莎士比亞的悲劇《李爾王》（*King Lear*）嗎？大致的內容是這樣的。

李爾王年事已高，決定將領地分送給三個女兒後，自行退位。贈與的條件是試探女兒對自己的愛。長女和次女巧舌如簧、曲意逢迎，只有么女寇蒂莉亞（Cordelia）不願意說些口頭上的甜言蜜語，於是李爾王一怒之下，將寇蒂莉亞逐出家門。然而，後來李爾王遭到長女和次女背叛，被驅逐出境，以瘋狂的姿態徘徊在狂風暴雨的荒野中。

後來李爾王獲得寇蒂莉亞的幫助，擺脫困境，寇蒂莉亞卻也死了。抱著女兒遺體的李爾王就這樣悲傷而亡，邁向悲慘的結局。

我認為《李爾王》如實描寫了高齡者的心境，也覺得李爾王似乎已經陷入半痴呆狀態。比較具象徵性的，就是聽到誇獎或逢迎後，即使是甜言蜜語和拍馬屁也依舊會相信，這是高齡人士常見的傾向。另一方面，李爾王排斥不合己意的人，懷疑漸深，釀成悲劇。

平時自戀得不到滿足，所以當自戀稍微得以滿足後，就容易被引入歧途。

蔚為社會問題的豐田商事事件中，有許多被害者是高齡年長者。詐騙者操弄甜言蜜語，謊稱「請把我當作兒子」、「想要當作孝順鄉下年邁父母一樣的照顧您」，抓住高齡者的心理弱點。

要是平時周圍沒有任何人可以滿足高齡者的自戀，一旦遇到這種騙子，很容易受騙，這是很典型的案件。

即使不是像李爾王這樣的老人，許多主管到了中高齡之後，也會喜歡部屬親近自己，哪怕是獻媚逢迎也好。相信往來的關係業者理所當然會親近自己的人，也是多得不得了。

當然，也有人是撇開利害關係，因為尊敬而親近，但九成的人都是覺得有利可圖才靠近，要是以為這都是因為自己的人格魅力使然，就會吃到苦頭。認為靠近就有好處的人，無論再怎麼關照他，一旦你對他而言無利可圖時會怎麼樣，答案已經很明顯了。同樣的道理，離開公司、獨立創業後，才發現過去以為憑自己的實力締造的工作成果，其實是公司的名片所帶來的。

某家公司的董事曾經十分坦然的透露：「明知對方是拍馬屁，心理卻覺得舒服。」實際上，被人拍馬屁的感覺實在痛快。然而，要是明知對方奉承也覺得心情好，就表示情緒老化的程度亮起黃燈了。連顯而易見的拍馬屁都覺得愉悅，反過來說，就是因為平常內心的自戀沒有獲得滿足。想要滿足自戀的飢渴感，就是這麼強烈。

中高齡者應該要在演變成這種局面之前，先滿足部屬的自戀。就如前面所述，越是上了年紀，地位越高，低頭的實際效用就越強。換句話說，就是能深深滿足對方的自戀。「獲得上級認可」、「主管向我搭話時，一點架子都沒有」，這樣的喜悅，比受到同事或後進的誇獎還要大。

就像這樣，只要滿足周遭人的自戀，就能輾轉滿足自己心中的自戀。正因為社會責任和地位有所提升，所以當你溫和對待部屬後，就可在人生的最晚年成為受到尊敬和敬愛的人。

Point

・聽到別人拍馬屁會覺得開心，其實是老化的徵兆。

11 現在就對年輕人（態度）好一點

四十歲左右以前，「多往上看」比較能出人頭地，這是事實。但若想討點好處，則要在四十幾歲、五十幾歲時「多往下看」，作為上了年紀後的準備，像是提拔表現優異的部屬，幫助遭到欺凌的受害者，或是懂得照顧別人。

這不只是為了晚年，更因為現今需要管理職具備這些能力。企業當然重視能力和實務績效，但也有不少受到部屬景仰的人當上部長和重要人物，人望也包含在實力之中。

年輕時需要的是做好工作，這也是作為選手應有的能力；但從某個時期開始，則要以團隊指揮官的身分一決勝負。這時，比起一將功成萬骨枯類型的魔鬼教練，受到部屬愛戴的教練更聰明。

浴風會醫院是專為高齡者服務的綜合醫院，我在這裡工作時，就深切感受到這一點。住院的患者無論是知名企業的總裁也好，一流大學的教授也好，都會有人受人愛戴，也同樣有人連一個探望的訪客也沒有。

以獲取人生經驗來說，待在這樣的醫院，真是獲益良多。對部屬擺架子會有什麼後果，這種可怕之處我一清二楚。

諂媚上級、對部屬囂張跋扈而出人頭地的人，晚年通常很淒涼。如果對部屬擺架子出氣，當失去主管地位的瞬間，下場會很悲慘。屆齡退休後，被討厭的老頭子會遭到眾人反感，完全收不到賀年卡，讓人深刻明白自己的人際關係有多麼貧乏。用通俗的方式來說，對部屬妄自尊大的人會有報應。

憑藉充足的人格魅力與部屬來往的人，即使退下職位後，交流也會持續。

為了以滿足的心情安然度過人生的最後一段路，現在能做些什麼？只要捫心自問並付諸實踐，年紀漸長後的不安，就會逐漸消失。

國家圖書館出版品預行編目（CIP）資料

人，從情緒開始老化：比起運動和飲食，額葉年輕更能抗老。/ 和田秀樹著；李友君譯. -- 初版. -- 臺北市：大是文化有限公司，2024.07
288 面；14.8×21公分. --（EASY；126）
譯自：人は「感情」から老化する
ISBN 978-626-7448-32-8（平裝）

1. CST：老化　2. CST：情緒　3. CST：老年精神醫學

544.8　　113003520

EASY 126

人，從情緒開始老化

比起運動和飲食，額葉年輕更能抗老。

作　　者／和田秀樹
譯　　者／李友君
校對編輯／陳竑悳
副 主 編／劉宗德
副總編輯／顏惠君
總 編 輯／吳依瑋
發 行 人／徐仲秋

會計部｜主辦會計／許鳳雪、助理／李秀娟
版權部｜經理／郝麗珍
行銷業務部｜業務經理／留婉茹、行銷經理／徐千晴、專員／馬絮盈、助理／連玉
行銷、業務與網路書店總監／林裕安
總經理／陳絜吾

出 版 者／大是文化有限公司
臺北市 100 衡陽路7號8樓
編輯部電話：（02）23757911
購書相關諮詢請洽：（02）23757911 分機122
24小時讀者服務傳真：（02）23756999
讀者服務E-mail：dscsms28@gmail.com
郵政劃撥帳號：19983366　戶名：大是文化有限公司

法律顧問／永然聯合法律事務所
香港發行／豐達出版發行有限公司Rich Publishing & Distribution Ltd
香港柴灣永泰道70號柴灣工業城第2期1805室
Unit 1805, Ph.2, Chai Wan Ind City, 70 Wing Tai Rd, Chai Wan, Hong Kong
Tel：2172-6513　Fax：2172-4355　E-mail：cary@subseasy.com.hk

封面設計／林雯瑛
內頁排版／陳相蓉
印　　刷／緯峰印刷股份有限公司
出版日期／2024年7月初版
定　　價／399元（缺頁或裝訂錯誤的書，請寄回更換）
I S B N／978-626-7448-32-8
電子書I S B N／9786267448380（PDF）
9786267448397（EPUB）
Printed in Taiwan